シリーズ〈人間論の21世紀的課題〉

1

ポストモダン時代の倫理

石崎嘉彦 *Yoshihiko Ishizaki*
紀平知樹 *Tomoki Kihira*
丸田健 *Ken Maruta*
森田美芽 *Mime Morita*
吉永和加 *Waka Yoshinaga*
著

ナカニシヤ出版

まえがき

ここ二十年ほどの間、「生命倫理」、「環境倫理」、「ビジネス倫理」といった用語とともに、「倫理」という語が、新聞やテレビやインターネット上で見たり聞いたりされることが多くなったように思われる。このような状況を見ていると、なにやら「倫理」が再び市民権を得て、その意義が再確認されつつあるかのような印象を受ける。

「倫理」が重要であり、「善」・「悪」の問題をしっかりと考える必要があるというのは、もっともなことであろう。しかし、そのような仕方での「倫理」への言及の多くに、「科学」信仰に対する免罪符として「倫理」が安易な仕方で利用されているのではないか、と思わせるものがあることも否定できない。そのような議論のなかに、今置かれている苦境に真剣に立ち向かうことをせず、「倫理」を口に出して「お茶を濁す」だけでしかないようなずる賢さのようなものを嗅ぎ取ってしまうのは、私だけではないであろう。

「人間論の21世紀的課題」と名づけられたシリーズの最初の巻である本書『ポストモダン時代の倫理』は、そのような安易な倫理議論とは一線を画した立場から倫理的視点の必要性を論じようとする試みである。そのような意味からすれば、本書は、近代性が終焉せんとする時代に「倫理」という視点を根底から基礎づけ直そうとする、哲学的思索に支えられた人間論の書である、と言うことができる。

そこからわれわれは、これからの試みが、科学の立場からする「人間論」の試みとは異なるものであることをも強調しておかなければならない。科学の立場からする「人間論」とわれわれの「人間論」との違いは、望遠鏡や顕微鏡を通して得られる知ともっぱら人間の目によって得られる知との違いである、と言い表わすことができるかもしれない。このようないくらか比喩的な表現によってわれわれが言おうとしていることは、コンスキエンティア（conscientia）の立場を回復させることの必要性である。知を意味するスキエンティア（scientia）に共同性や全体性を意味する前綴りの con- が付けられることによってできたこの語は、道徳や倫理の意味を含ませた知を意味するものとなったが、われわれはそのような語によって意味される知を回復させることの必要性を論じようとするのである。

それゆえ、本書では、そのような視点に「倫理的パラダイム」という名称が与えられ、以下のような手順で、このコンスキエンティアの語に込められている全体的で包括的な知を回復させることの必要性が説かれることになる。

第Ⅰ部（石崎担当）では、近代性を導いた合理性がその内的必然性によって非合理的なものを生み出さざるを得ないものであることが確認され、ポストモダンの時代に生きるわれわれは、それを超え出るための新たな合理性概念を必要とすること、そしてその合理性概念は「倫理」をキーワードとするものであることが論じられる。第Ⅱ部（森田担当）では、近代合理性を導いた啓蒙の思想と運動の帰趨を見極め、その運動の動力因であった自由の概念とその現実性であったリベラリズムの再検討が試みられる。第Ⅲ部（紀平担当）では、科学革命と近代啓蒙を導いた数学的合理性の問題が取り上げられ、その難点剔出とともに近代科学の相対主義的理解に道を開いた「パラダイム」論が検討される。第Ⅳ部（丸田担当）では、科学的合理性に基づく行為理論に対して科学以前的地平の行為理論が対置され、近代性克服の道が探られる。第Ⅴ部（吉永担当）では、実存主義から構造主義、さらにはポスト構造主義への思想展開をたどるなかから近代性の脱構築の主張に検討が加えられ、最後に倫理的な視点の可能性が論じられる。それを踏まえて、第Ⅵ部（石崎担当）では、古典的合理主義のなかに見出される「異種混合的な知」による倫理的視点の再定式化が試みられる。

本書の議論は、コンスキエンティアの学としての「人間論」の視点をポストモダンの地平に再興するための予備的考察という性格の議論であるが、このような議論に本来の意義が見出されるのは、とりわけ本シリーズの議論の全体との関わりのなかにおいてのことである。というのもここでの議論は全体としての「人間論」の議論の一部をなすものだからである。したがって、読者の方々には、シリーズのほかの巻とともに本書に目を通していただければ、いっそう本書の内容が理解しやすくなるということを最後に述べて、シリーズ第一巻『ポストモダン時代の倫理』への「まえがき」とさせていただきたい。

第1巻編集世話人
石崎嘉彦

ポストモダン時代の倫理　＊　目次

目次

第Ⅲ部　理性の危機と科学批判

ポストモダン時代の倫理

第Ⅰ部

人間論としての倫理学

――二十一世紀を支える理論枠組みとしての倫理――

第1章　ポストモダン時代のキーワードは「倫理」

1　新千年紀の始まりと人間論の課題

二十世紀は、「科学技術」の世紀であったとか「戦争」の世紀であったとか、しばしば言われてきた。いまわれわれが、新千年紀の最初の世紀である二十一世紀に足を踏み入れて数年を経たこの時点に立ち、この世紀が一体どんな世紀になるのだろうと見渡してみたとき、はたしてわれわれの目に飛び込んで来たものはといえば、これまでの世紀以上に殺伐とした世紀になるであろうことを予感させるような出来事ばかりであった。

闇から突如襲いかかる暴力、殺戮、そして戦争。狂気としか表現のしようのない人間の暴走。再生医療の先に見えてくる人間の改造や製造。科学技術（テクノロジー）の暴走。経済の無政府状態化と人間のいっそうの奴隷化。情報技術、超微細技術（ナノテクノロジー）やロボット技術のさらなる普遍化による物と人間の転倒。さらには環境破壊によって生じてくるおぞましい光景が垣間見えてくる。そこには、人間と機械、生命と物質の境界が取り払われ、一見して無区別の支配する平板で退屈であるような世界でありながら、実はそのなかで生命が解体し、生から死、死から生への転倒が常態化しているといったゾッとするような光景が横たわっているのである。そしてそこには、人間が自ら取り出し手にしておきながらもはや制御することのできなくなった強大な「力」があり、その「力」に押し潰され苦吟している惨めな人間たちがいるのである。

一体人間は何処へ行ってしまうのか。そして何になってしまうのか。動物に戻るのかそれとも物になるのか。非人間になってしまうことは、どうやら仕方ないことなのかもしれない。啓蒙による世界と人間の合理化の行き着く先は、物象化ということであるらしい。人間的あまりに人間的であろうとした人間は、非人間的あまり非人間的な何者かになろうとしているように見える。それゆえに、われわれの「人間論」の議論は、人間の非人間化に抗して、それに立ち向かい、われわれの人間性を守り抜くための議論でなければならないのである。

2　「人間的あまりに人間的」であろうとして

近代の合理的思考は二つの相を持っていた。科学を導く合理的思考と、歴史的あるいは弁証法的理性に基づく思考という二つの相である。近代性のなかで、科学の合理性と歴史の合理性は、自然を作り変えるという人間の行為によって結びつきを持つことになった。自然が、幾何学者たちがそうしているように点や線や面によって捉えられたとき、そのときわれわれは自然を人間の意志により再生産する道を発見したのであり、それによってわれわれの行為によって作り出される歴史の世界と自然の世界が同じ一つの原理によって動かされることになったのである。人間に敵対的なものとしてあった自然は、このとき人間に制御可能なもの、人間の所有物に転換されることになった。つまり自然は人間史のうちに組み込まれることになったのである。

われわれのこれまでの歴史を省みるとき、そこで行なわれてきたことは、何度も繰り返し建造物を打ち立ててはそれを打ち壊すという作業であったと言いうるであろうが、それはまた、歴史を通じた合理化の過程であるとも考えられる。このような過程を経るなかで、世界は次第に合理的な仕方で整えられていくのである。

打ち立てられては取り壊されていくものが、いつも建造物であるとはかぎらない。およそ文化という用語によって言い表わされているものはすべて、多かれ少なかれそのような仕方によって行なわれる形態化とその解体の繰り返しであると言ってよい。文化とは形態を得たものとそれが取り壊されて残された残骸の総体であると言ってよい。文化遺産と呼ばれているものをよく見てみればそのことがはっきりする。それらは、過去の人間たちがかれらの頭に思い浮かべた観念の形態化されたものの遺物と見てよいのである。それが建造物や彫像である場合もあれば、伝承や書物のように言葉によって表わされたものである場合もある。あるいはまた、人びとの行為の型、つまり慣習や制度として遺されたものである場合もある。一つの時代が去ったとき、これらの遺物は何らかの形で破壊される。とりわけ時の権力の象徴であったものは、次の時代になると取り壊されたり破壊されたりするのが通例である。そしてその上にまた新しいものが構築されていく。

ところでこの点では、近代という時代ほど、過去に対してはっきりとした断絶を意識した時代はほかにはない。近代という時代は、革命の時代であったのであり、何か以前に存在していたものに輝きを見出すよりも、常に何か未知なるものに期待を寄せる時代であった。要するに過去に対する絶対的な優位を確信した時代であったとも言いうるのである。そのような確信に根拠を与えたものこそ、近代的啓蒙によって切り開かれた学問的知識と、それによって獲得された実践的な力であったが、この力によってわれわれは全実在が理性的であると宣言することができるようになったのである。このこと以上に近代性を見事に特徴づけるものはない。

人間にすべての実在が理性であると言わしめるのに貢献したものをもう一つ挙げるとするなら、人間の力をいっそう効果的に発揮させるのに大いに貢献したものがあったことに思いいたる。古典古代にあっては力の集積が力を増大させることは知られていたが、分散させることによって力が増大することは十分に知られていなかった。このようなことを人びとに気づかせるのに一役買ったのが、ルネッサンス期以降盛んになり、あのダ・ヴィンチ（Leonardo da Vinci, 1452 - 1519）のような人がとりわけ魅せられたもろもろの機械的メカニズムであった。

機械とは、動力の伝達を基本として成り立つものであるが、それによって巨大な力の出現が可能になる。機械が力の発現に役立つようになったのは、その直接的な意味においてばかりではなかった。機械が人間にもたらした思考の転換が、人間の生産活動や社会的活動を規定せずにはおかなかった。アダム・スミス（Adam Smith, 1723 - 1790）によってはっきりと学問的に記述されることになった「分業」と「協業」による生産力の増大という考えは、このことによっている。近代の理論は、この認識から、分析と総合という二つの知の構成要素を得るにいたった。このことによって近代人たちが建設的な破壊ということを意識するようになったことは間違いない。

しかし、破壊が建設につながるという際の破壊とはいかなるものであり、またそれによって可能になる建設とはいかなるものであろうか。そこで、建設的破壊がわれわれのプログラムに登ってきたとき、かつてギリシアの時代にあって（自然を表わす）ピュシスの名で意味されていたものが、いつの間にか姿を消してしまっていることに気づかなければならない。破壊や建設が「生命」と相入れない概念であること、そして自然という語がその根源において生命と関わりを持つ語であることは、忘れられてはならないのである。

スミスの労働価値説の根底には、人間にとって敵対的である自然を労働によって人間に親密なものに作り変えることを重要視する思想があった。労働価値説に含意されているこの本来の意味は、それが重農主義（Physiocracy）の学説を発展させる形で提出されてきたという経緯によって明確に示されている。すなわちそこには、「自然（Physis）」を人間労働によって「人為」的なものに置き換えるという思想が含意されているのである。

近代とは、世俗化と自然の否定をその特徴とする巨大な波であったが、同時にまた人間的なものをとどの詰まりまで追究する波でもあった。しかしわれわれは、人間的あまりに人間的であることを追究しようとして、「自然」を忘却するという高価な代償を支払わなければならなかった。そのことが人間性の破壊に結びついているとも知らずに。

〔参考文献〕

石崎・石田・山内編『知の21世紀的課題』（ナカニシヤ出版、二〇〇一年）
内田義彦『経済学史講義』（未来社、二〇〇〇年）
レオ・シュトラウス、石崎嘉彦訳『古典的政治的合理主義の再生』（ナカニシヤ出版、一九九六年）
レオ・シュトラウス、石崎・飯島他訳『リベラリズム　古代と近代』（ナカニシヤ出版、二〇〇六年）
ニーチェ、手塚富雄訳『ツァラトゥストラ』（中央公論社、一九七三年）
スタンレー・ローゼン、石崎嘉彦監訳『政治学としての解釈学』（ナカニシヤ出版、一九九八年）

第2章　近代合理性を超えるために

1　近代性による自然の忘却

近代という時代にわれわれが追究してきたもの、それは言うまでもなく、われわれ自身を合理化することであり、世界を合理化することであったのだが、その合理化の結果われわれが手にしたものは、それとは正反対のもの、つまりそこから抜け出ようとしてわれわれが努力してきた当の非合理的なものにほかならなかった。魔術が横行していたなかでそこから抜け出そうとして、人間の理性を磨き、それを力へと転化させるために努力することは、なんら不当なことではない。それどころか、人間が理性を磨き世界を変革することがたしかに人間に明るい未来を約束するはずであった。しかし、われわれわれが理性の力によって自然を手懐けることができるという思想は、われわれに自らの限界を自覚させ、われわれの傲慢さをいさめることができないかぎり、再びわれわれを支配し、われわれを破滅へと向かわせる凶暴な力ともなりうるのである。われわれが自分の何であるかについての探究を放棄するとき、啓蒙は蒙昧主義へと転化し、合理化は物象化へと転化するのである。

目標の低位化あるいは目的の喪失

以上の議論から、われわれが近代性の危機を診断する際のいくつかの指標を手に入れることができるはずである。近代性の危機は、啓蒙の蒙昧主義への転化から帰結することであるが、その第一の現われは人間の目的喪失のなかに表明されることになる。

近代性の第一の仕事は、目標を低めその実現可能性を高めるということであったが、目標を低めることは、言い換えれば、目的の喪失を意味している。近代合理性概念とともに理性は対象を均質化し、それとともにまた主体を平準化することによって、自然であれ理想であれ神であれ、何かわれわれを超えたもの、そのためにこそ何ものかが在るところのものは、われわれの知の対象から外されることになった。かわりに今あるところのもの、過去にあったもの、しかもかく在る、あるいはかく在ったものと、それらの様態に知の対象が限定されるにいたる。こうして近代科学の知にあっては、知そのものが目的とはされなくなり、知は道具的なものへと変質させられることになった。それは、これまで常に問い続けられてきた「存在（Is）」と「当為（Ought）」の問題に決着がつけられたことを意味するが、そのことによってわれわれは、われわれの生を問い返し、その意味を吟味する方途を奪われることにもなったのである。

テクノロジーの専制

われわれが絶大な力を手に入れることができたのは、われわれが生の意味を問うことをやめて、何のために生きるかについての問いを発するかわりにひとえに生の手段を追い求めることに徹したことによってであった。それによってわれわれは手にした力と引き換えに、その力を何のために用いるかという問いを不問にする。そうすることによってそれを制御する方途をも投げ捨ててしまうことになった。そのことによって、自然の物理的力の操作はまだわれわれの手の内に残されはしたが、われわれは盲目の巨人のようなものとして荒野に投げ出されてしまうことになったのである。こうして、われわれが自然に立ち向かい自然を意のままに操ることを可能にしたその同じ力が、今度はわれわれ人間にとっての凶器へと変じてしまうことになる。テクノロジーがそのようなものとなったとき、そこにわれわれは新しい時代の新しい僭主（専制君主）を見出すことになるのである。

「節制あるいは節度」という原理の消滅

いつの時代にも、人間を堕落へと導くものは、悪あるいは不正へ向かう人間の傾きであった。人間は誰もが悪へと流される性癖を備えているのであって、悪への誘惑を何らかの形で断ち切るように努めないかぎり、人間たちの集合体は、劣悪な状態へと引き寄せられていくことになる。たとえ技術的な知によって力が与えられたとしても、共同体に秩序を与える「慎み」や「正しさ」への尊敬の念がなければ、人間は悪に陥ってしまわざるをえないようにできているのである。だとすれば、今日われわれの都市生活を堕落へと導いていく原因となっているものは、人間のうちにある悪への性癖ばかりでなく、それが本性的であるかあとになって獲得されるものであるかはともかくとして、これらの用語によって表わされている「道徳性」あるいは「節度」の欠如であるということが分かるのである。

政治のイデオロギー化

近代性はその合理性原理のなかに同質性の原理を含ませていた。それはもともと近代合理性が数学とりわけ幾何学をモデルとして導き出されてきた合理性をその根幹に持っていたことに由来している。その原理が人間論の領域に持ち込まれてきたとき、社会はアトムのような個人の集合体となり、国家は世界公民的国家、その市民は世界市民と読み替えられることになる。その結果人間の卓越性や崇高さ、個々人の気概や節度は居場所を失うことになる。共同体が何を目指し、何を実現するのかという問いは、いともたやすく平等主義的な快楽の願望によって答えられてしまう。こうして共同体の目的ではなくそのメカニズムがよき生のための必要かつ十分な条件となる。

人間の幸福はそれが本来意味していた「神々」との関係は必要ではなくなり、単に量的な最大多数の幸福と読み替えられることになる。共同体は、われわれがそこに参入することによってそこから快楽を引き出してくる一つのメカニズムにすぎなくなる。そして、そうなったとき、本来共同体のことを配慮するところから発した「政治」はただ権力の王座を目指すために必要とされるイデオロギーとすりかえられ、「政治」の言説は、民衆を欺くための「迎合」と「へつらいの言葉」へと転じる。

賢慮あるいは実践知の否定

ポストモダンの時代を特徴づける用語として「歴史の終焉」を引き合いに出すことができるだろう。この用語によって意味されていることは、「われわれにはもはやなすべきことは何も残されていない」ということ、人間のなすべきことが完了したことだと言ってもよい。それは「目的なき時代」というのと同じなのである。

近代性が目指した目的の国は、コジェーヴ（Alexandore Kojève, 1902 - 1968）の用語を借りて言えば、「普遍同質国家」ということになるだろうが、最終国家であるこの国家においては「戦闘も労働も」、もはやなすべきことが何もない。われわれになすべきことは永遠に揺れ動いて流動している「流行（ファッション）」を追い求めること、そこから快楽と満足を引き出すことしか残されていない。ポストモダン人はファッショナブルであることだけを気遣っていればよいのである。かれは流行の人なのであり、それに乗っていることだけがかれを満足させるのである。それには人間と社会を素直に見つめる目は必要ではない。したがって本来よき生に必要とされた「知」も「勇気」も「節制」も、さらには「正義」さえも、かれにとっては関心の外にあるのである。このことからだけでも、ポストモダン人にとって、かつて「賢慮（プロネーシス）」なる語でもって語られていた「実践知」がどんなに無縁のものとなっているかが分かるのである。

2　二十一世紀のキーワードとしての「倫理」

目を凝らしてわれわれの目の前に広がっている光景をよく見てみよう。商品経済あるいは市場の世界的規模での広がり、世界のグローバル化とそれに伴う人間の故郷喪失、個人のアトム化とそこから生じる人間性の喪失、これら二十世紀の残滓《ざんし》のなかにも、どこかこれまでの世紀とは異なるものが見えてくる。われわれの目には、新しい二十一世紀的因子が組み込まれた映像が、物と人のうごめきが、見えてくる。われわれは、映し出されてくる映像に向かって、それこそが「歴史終焉」後の世界なのだ、そしてそこにうごめいている人びとこそ「最後の人間たち」なのだと言うであろう。

ところで、ニーチェ（Friedrich W. Nietzsche, 1844 - 1900）こそモダンの終わりを宣言し、ポストモダンの到来を予見した最初の人物であった。というのも、かれはそれを「ニヒリズムの到来」という言葉で予告したからである。いまわれわれが置かれている状況を省みるとき、事態が即座に好転するようなことがないことはすでにはっきりしているが、われわれの直面しているものがこのようなニーチェ的「ニヒリズム」であるとすれば、その克服は容易なものでないことを覚悟しておかなければならない。事態をさらに悪い方向へと押しやるさらなる大波が押し寄せてくる可能性に警鐘を鳴らさなければならないし、現に進行しつつある事態に対処するための実践的な処方箋を早急に提示する必要がある。

ポストモダン時代を特徴づけるニヒリズム、すなわち価値、意味、目的の喪失といった仕方で語られるものは、近代の始まりの時期にわれわれが採り入れた目的因（causa finalis）と「徳（virtus）」の否定がその根源にある。われわれがいまその戸口に立っている字義通りの意味でのポストモダンは、「啓蒙」的近代の否定あるいは近代の自己崩壊によって出現してきた。したがってそれは、現実主義的な道徳の否定や、死の恐怖に象徴される最も低劣なものから最も高次のものを導き出そうとする仕方で作り出された真理や価値や目的の観念によって導かれていた。ゆえに、ポストモダンを超え行くには、近代（モダン）の終焉との対決、つまり近代性が欠落させたものを見据えることが必要になる。

ポストモダン時代の動揺はまた、近代的原理による諸観念に代わる対案の欠如にもその原因があることが分かる。この対案の欠如がなお克服されずにいることがその動揺を加速しているのである。近代の終焉とポストモダン時代の動揺は、結局、近代性原理を特徴づけていた倫理的価値の否定をその原因として共有しているのである。今日のニヒリズム、すなわちポストモダンの時代の危機は、結局、何が善であり何が悪であるかを判定する基準をわれわれが持ち合わせていないことによっているのである。

ここではこれらの問題への踏み込んだ議論は差し控えねばならないが、手短に言えば、この倫理的価値に改めて光を当てなおそうというのがこれからのわれわれの議論の大枠である。つまり、倫理的価値に光を当てることによって、われわれの直面しているポストモダン的危機を超えようとするのが、本書の、それにまた大きく言えば、本シリーズ全体が、目指そうとしていることなのである。

それゆえシリーズ最初の巻のこの「まえがき」的な役割を担わされているこの章が終わりに差しかかったところで、シリーズの全巻を通じて、議論を根底から支え、羅針盤的役割を果たすことになるキーワード、「倫理的パラダイム」について、簡潔に触れておくことにしたい。

近代性とは、きわめて大雑把な言い方をすれば、道徳性や倫理を何かそれとは別の原理によって置き換えようとする試みであったと言うことができる。科学の立場からする倫理的価値の否定も、歴史による倫理的価値の否定も、ともにこの流れのなかにあったと言い得る。もちろん科学の理論も歴史の理論も正面から倫理的価値を否定したわけではない。それらは倫理的価値を別の用語で言い換えようとしたのである。例えばそのようなものとして「力」や「富」、「精神」や「物質」などによるその読み替えを引き合いに出すことができる。しかしこれらの立場も、結局のところそのどれもが、倫理的価値の基礎づけに失敗するかそれが不可能であると結論せざるをえなかった。

倫理的価値に都合のよくない近代性のなかの主張は、主なものとして「歴史」の観念からのものと「事実と価値」を区別からのものがあったとされている。歴史の観念からの主張は、善悪の基準は時と処とともに変動するとする価値相対主義にいたり、事実と価値の区別からの主張は、対立しあう多様な諸価値のなかにあっていずれの価値が他に優るかを合理的に証明することは不可能であるとする主張にいたる。後者は価値の科学的基礎づけに関わるものであるが、それはまた科学的認識の価値中立性の主張ともかかわりを持っている。この二つの主張に代表される倫理的価値の否定の論理こそ近代性を終結させ、今日のポストモダン的ニヒリズムを準備したものなのである。

そこでこの新しい世紀を本当に新たなものとして迎えうるために、われわれは、二十一世紀を「倫理」をキーワードとする時代にしなければならない、と主張しようと思う。あるいは「倫理」という概念を軸にして問題を立てる必要があると主張しようと思う。要するにわれわれは、ポスト近代（モダン）の時代は、倫理的パラダイムを復権させる時代でなければならないと主張しようと思うのである。

解決の手掛かりは、近代合理主義がそれを超えてきたと主張してきた古典的合理主義のなかに見出されうる。古典的合理主義は、今日の人間的生の堕落の原因ともなっている科学とテクノロジーの知的パラダイムにはらまれている「倫理的視点」の欠落という問題に気づかせてくれるからである。われわれが科学のパラダイムに対して倫理的パラダイムを対置するとき、それによってわれわれは、科学に対して哲学を、テクノロジーに対して詩的制作を対置し、そうすることによって人間的な生の在り方と人々の交わり（コミュニケーション）を、全く新しいものへと組み替えようとするのであるが、古典的合理主義こそ、この方向性の意義を再確認させるヒントをわれわれに与えてくれるのである。

科学はまた、われわれが直面させられている危機の震源でもあった。しかし倫理的パラダイムは、科学のパラダイムの合理的な部分を継承しながら、科学の合理性に欠落したものを補填するという仕方で、合理性概念の全体をよみがえらせようとするものである。われわれは「倫理的なもの」を排除することによって合理性を守るのではなく、反対に「倫理的なもの」を取り戻すことによって合理性の再生を目指そうとするのである。

〔参考文献〕

石崎・石田・山内編『知の21世紀的課題』（ナカニシヤ出版、二〇〇一年）
レオ・シュトラウス、塚崎智・石崎嘉彦訳『自然権と歴史』（昭和堂、一九八八年）
レオ・シュトラウス、石崎嘉彦監訳『古典的政治的合理主義の再生』（ナカニシヤ出版、一九九六年）
レオ・シュトラウス、石崎・飯島他訳『リベラリズム　古代と近代』（ナカニシヤ出版、二〇〇六年）
フランシス・フクヤマ、渡部昇一訳『歴史の終わり』（上・下）（三笠書房、一九九二年）
プラトン、藤沢令夫訳『国家』（上・下）〈岩波文庫〉（岩波書店、一九七九年）
プラトン、藤沢令夫訳『プロダゴラス』〈岩波文庫〉（岩波書店、一九八八年）
アラン・ブルーム、菅野盾樹訳『アメリカン・マインドの終焉』（みすず書房、一九八八年）

第Ⅱ部　近代啓蒙以後の人間論

第3章　カントを超えることはできたか

――ヘーゲル・マルクス・キェルケゴール・ニーチェ――

本章では、近代啓蒙の代表者としてのカント（Immanuel Kant, 1724 - 1804）の提起した問題と、それに続く哲学者たちのその問題についての批判を検討し、啓蒙の問題点と、十九世紀においてそれがどのように自覚されたかを見ていきたい。

啓蒙は、人間に生まれながらに与えられている自然的理性によって、啓示や伝統といった既成の権威のみに基づく一切の信仰から人間の精神を解き放ち、一切の既存の真理を批判する営みであった。つまり、それは神を信じず、人間が自己の理性を頼りに真理を発見し、構築するという人間中心の思想であり、理性への絶対的信頼が前提としてある。しかしそこに、神を離れた人間は、新たな理性の困難に直面することになる。

1　啓蒙の代表者としてのカント

啓蒙の理性

十八世紀の終わりに、カントは、理性の役割とその限界を追究し、次の言葉を残した。

啓蒙とは、人間が自己の未成年状態を脱却することである。しかしこの状態は人間がみずから招いたものであるから、人間にその責めがある。未成年とは、他者の指導がなければ自己の悟性を使用し得ない状態である。……それだから「Sapere aude! 敢えて賢こかれ」、「自己みずからの悟性を使用する勇気をもて！」――これが啓蒙の標語である。

〈カント『啓蒙とは何か』〈岩波文庫〉岩波書店、一九五〇年、七頁〉

われわれが問題とする近代啓蒙の基本的な姿勢はここに表わされている。つまり、人間の自立性と理性（ここでは悟性と呼ばれているが）に信頼し、人間が自己の理性によって善を知り、行なうことができる理性の自己完結性と道徳的自律性が前提されている。

ここにはいくつかの問題が潜んでいる。まずカントは理性の公的使用と私的使用を区別した。カントは、万人が学者として自由に理性を用い、自分の意見を書物で公表し、世論の形成に資することは認めたが、他方、公民が社会のなかで自分の占める職域において理性を用いる私的使用を制限すべきとした。実際的領域において人びとが理性を自由に使用すれば、義務は混乱し、制度とその秩序を乱すことになるからと言う。しかし理性は対象をことごとく批判することに意義があるのではないか？

また、ほかの問題もある。近代的な理性は本来、複雑で錯綜した現実を、より単純で普遍的な要素に還元する。それは、現実の多様性と複雑さを捨象し、自己の主題にしたがって再構成したものを本来的な現実と見なそうとする。本来、現実におけるさまざまな判断は、複雑な要素を考慮しなければならず、そのなかで自己の判断に責任を持つということは、特に社会の構造や利害関係が複雑化したときには、きわめて恐ろしい困難な課題である。後にエーリッヒ・フロムは『自由からの逃走』において、近代人が、自由を与えられているにもかかわらず、自己の自由を放棄し判断を絶対的な他者に委ねる傾向があることを指摘しているが、自ら判断することを忌避し、判断のもたらす責任や困難から逃避しようとする傾向があるのではないか。

道徳における限界

カントは、道徳法則が、人間にとっての自由の現実性であると言う。しかし人間の意志が完全に道徳法則に一致することなど考えられないとわれわれは通常思っている。それでもカントは、「なんじなすべきであるゆえになし能う」という立場を崩さない。

またカントは、「宗教上の未成年状態こそ最も有害であり最も恥ずべきもの」として、宗教を理性の立場から批判し、道徳性と合理性に還元しようとした。つまり「単なる理性の限界内における宗教」として、人間に善を行なわしめる動機と模範にはなるが、生身の人間が生きていく上におけるさまざまな葛藤や矛盾を解決する力とはならない。なぜなら人間には、悪いと分かっていてなおそうせざるをえない悪への衝動や、善よりも悪を魅惑的に思う思い、善のために労苦するよりは悪の甘い実を欲するという傾向を誰しもその内面に抱えているからとは言えないだろうか。

啓蒙の理性は、自分で自分をコントロールできるという前提に立つ。カントの理想とした人間像は、理性において自律した道徳的人格、すなわち自己の欲望でなく善そのもののために善を、それも強いられてでなく、自らの理性の命じるところにしたがって行なう人間である。理性によってより高い価値に向けて、自己の欲望をコントロールし、自分の欲望からも自由な人間。だがそんな理想的で抽象的な人間が存在しうるだろうか。個別の、個性を持った人間が、現実の複雑な情況のなかで、いつどこででも妥当であるような、善悪の判断を下しうるものだろうか。

さらに、批判する理性は、はたして批判される理性より上なのか？　もしかしたらそれは、理性という名の単なる自己満足ではないのか？　こうしたカントの人間像に対し、主として現実との対決、さまざまな現実のなかに生きる人間をどう理解するか、そして現実のなかでの善や理想をどう描くかが、カントに続く思想家たちの課題となった。

2　ヘーゲルの批判
——歴史、体系、共同体——

思弁的理性という試み

ヘーゲル（G. W. F. Hegel, 1770 - 1831）は、カントにおける対立や矛盾が、どうすれば解決するのかという問題に対し、単純化して言えば、そうした対立や矛盾が決して絶対的なものではなく、歴史や人間の精神という全体から見れば、それは決して矛盾ではない。むしろそうした否定的なものがより高い絶対的なものへの契機となっている、と考えた。こうした理性の働きが「思弁」である。

かれの求めるところは、むしろ現実がそうした理性的なものの表われであり、一見矛盾しているようでも、必ず否定には更なる否定で大いなる肯定に導かれ、歴史のなかに実現する。われわれが生きている歴史的現実における具体的な制度を通して、道徳的なアポリアがどのように解消されるかであった。

人倫の共同体

『法の哲学』において、ヘーゲルは、個別的意志の主体である個々人が、いかに自己の自由を放棄することなく、しかも束縛されるのでなく、共同体の普遍的な意志と一致し、その正義を実現するかという、「権利」と「法」の関係において考察する。ここでのヘーゲルのテーマは、「共同の自由と個人の自由の生きた統一」である。かれが主張したのは、道徳より人倫、具体的に民族や歴史のなかに実現している共同体である。

主観的には、個々の人間は、それぞれの幸福を追求する自由を持ち、共同体あるいは国家によりおのおの自由を束縛されることを望まない。しかし人間は主体として良心を持ち、善を求める意志を持つ。しかし良心としての段階は、客観的世界に対し自分自身の主観的な善を求めるが、それが自己自身の確信にとどまるために、かえってその意図に反して客観的世界に対し悪を行なう結果になってしまうことが起こってくる。それゆえ自由な意志が、直接的な意志から出発して、自分の在り方が普遍的なものにどう媒介されていくのかを把握する知が必要とされる。真の良心は、したがって、人倫の共同体を通して実現されるとき、客観的な善として機能するのである。

そうした人倫の共同体は、まず自然的情愛により結びついた家族である。われわれは家族のなかでは自分一人の利益や自由を主張しない。むしろすすんで家族のために犠牲を払う。そしてわれわれは、家族の経済的責任のため、市民社会の一員として働く。しかし、われわれ自身は自分と自分の家族のために働くにせよ、私の働きは同時に社会における誰かのためであり、また私もほかの誰かの働きによって支えられている。私の幸福を求める欲求は、やはり自分以外の者の欲求のための努力に媒介されて成立するのである。これが、市民社会が「欲求の体系」と言われるゆえんである。

「欲求の体系」である市民社会は、何事も他者の手を経なければ成就しない。この分業と交換のネットワークのなかで「主観的利己心は、……特殊なものを普遍的なものによって媒介する働きに転化する」。ここに、社会性を身につけた個人を生み出す「教養形成の段階」という市民社会固有の意義がある。そしてこのような市民社会の生き方は、また国家という最高の共同体において、「憲法」という形で成立する権利と法における個人と共同体の相互浸透において見出されることになる。

だが、こうした思弁による説明は、はたして「個別的意志と普遍的意志の一致」を実現するものだろうか。ヘーゲルの語る「自然的情愛に結ばれた家族」は、父、兄のもとに母・妻・妹が犠牲になることを前提した「家族」である。ちょうど国法を破って兄を埋葬したがゆえに犠牲になったアンティゴネーや、父の勝手な誓約のため犠牲になったエフゲーニアのように。それは自発的、自律的な自由ではなく、弱者が強者のために犠牲になる自由しかない、ということではないか。さらに欲求の体系たる市民社会において、誰もが「勝ち組」であろうとすれば、他者の権利も自由も自己の欲望のために踏みにじることをなんとも思わない人間こそが勝ち組となるのではないか。それは共同体も国家も自分の利益のために犠牲にしてやまない欲望の個人主義となっていくのではないか。理性は、全体を望み自己がその契機として没落することを承認するよりも、自分がその最上に位置づけられるべく野心を抱くのではないか。そこには人間の進歩や絶対精神への一致といった光の側面だけでなく、かえって宥和され難い個人と社会の亀裂が明らかになるのではないか。ヘーゲルのこうした問題点をいち早く洞察し、指摘したのが、マルクス（Karl Marx, 1818 - 1883）とキェルケゴール（S. A. Kierkegaard, 1813 - 1855）である。

3　マルクスのヘーゲル批判
――「疎外」から「革命」へ――

マルクスはヘーゲルからその弁証法、「疎外」の概念、歴史的視点を受け継ぎつつ、その問題点を明らかにし、結果としてヘーゲルの「体系」が、現実の政治・社会的矛盾を無視し、かえってその本質から目を遠ざけるものであるといち早く指摘した一人である。

疎外された労働

マルクスは、ヘーゲルの市民社会論の弱点を、「労働」の視点から取り上げた。初期の『経済学・哲学草稿』では、市民社会においては、個人の欲望は他者の労働に媒介されて実現するが、この労働が労働者にとって「疎外された」労働となっている、と主張する。労働者によって生産されたものが、かれにとって疎遠なものとなり、かえって人間を支配する。それゆえ労働者は、二重の意味で自らの生産する対象の奴隷となっているのである。現実の労働の否定的な側面は、労働は労働者の自己実現であるどころか、「労働者が餓死するにいたるほどの、徹底した現実性の剥奪」として現われているのである。

なぜそのようなことになるのか。資本主義社会（マルクスは『国民経済的状態』と呼ぶ）においては、資本家と労働者は階級として対立し、労働者は商品となり、かれは自らの生活の糧として唯一所有する労働力を売る存在にすぎないことから起こる。労働者は商品を生産するのと同じ関係のなかで、かれはかれ自身を商品として生産しているのである。そこでは、かれが富をより多く生産すればするほど、かれはますます貧しくなり、商品をより多く作るほど、かれ自身は安価な商品となる、という人と物の逆転が起こっている。このことは「剰余価値論」で詳述されるが、現実の社会の利潤を追求する経済システムのなかでは、こうした逆転が起こるのである。つまりヘーゲルにおける「労働」は人間の本質の「外化」だが、マルクスにとっては人間の「疎外」にほかならない。それゆえ「欲求の体系」は、いわば搾取と疎外の体系となる。

市民社会の分裂と革命

さらにマルクスは、市民社会におけるさらなる矛盾を指摘する。市民革命は、まず封建制の解体をもたらした。しかしそこで人間は、利己的な、自己の欲望としての人間存在へと解消された。そこでは出生・教養・財産・職業・階級の区別と不平等を前提として、その区別を捨象し、すべての国民が国民主権への平等な参与者となる。つまり人間は個人であるとともに政治的な公民となった。しかし、こうした政治的共同性を帯びた公民としての性格は、いわばむき出しの欲望の表われである、個人の人権の手段とまで格下げされ、公民としての存在は私人としての個人の下に位置づけられる。この葛藤が、市民社会の形成とともに、社会発展の矛盾、社会存在の分裂、人間の分裂と自己疎外を極限にまで推し進めることになる。こうした矛盾の最終的解決は、革命による「人間的解放」である。マルクスの語る「革命」は、人間がその固有の力を政治的な力という形で自分から分離することなく、社会的な力として認識し組織することとなる。そこでは現実の個体的な人間が、抽象的な公民を自分のなかに取り戻し、個体的な人間でありながら、その経験的生活、その個人的労働、その個人的諸関係のなかで、類的存在となる。ヘーゲルにおいて意識された個人と市民社会の分裂と対立をこのように解決しようとした。

しかし、この試みがどのような結果をもたらしたかは、二十世紀の歴史を見れば一目瞭然である。マルクスの目指した「解放」の革命がどのようにして新たな支配と抑圧を生み出したか、その過程と理由とは改めて検討されねばならないだろう。

4　キェルケゴールにおけるヘーゲル批判
——自己、絶望、水平化——

絶望と悪魔的自我

キェルケゴールは、人間を、神の前の内面性と把握する。人間にとって最高で最大の課題は、その人自身、つまり自己として、精神として生きることである。そうした徹底的で研ぎ澄まされた自己意識は、ヘーゲルのそれと異なり、普遍や集団にのみ込まれることを拒む、自尊心と自愛に満ち、しかも自分の望む自己であろうとする、「悪魔的な」自己追究を目指す存在である。

キェルケゴールが『死に至る病』で語る「絶望」とは、通常われわれが経験する、何かを失ったり、思うようにいかなかったという感情ではなく、そうした思いから、自分自身を悪しき方向へと向けていこうとする不可解な自己の姿である。

絶望には三種類ある。つまり、絶望を自覚しない絶望、絶望して自己自身であろうとしない絶望、絶望して自己自身であろうとする絶望である。

最初の絶望は、自分が精神であること、独自の、内面性を持った自己であることに気づこうとしない無精神性である。（それでも、不安や、その他もろもろの声なき精神の声を感じることはできる。）次は、女性的絶望または弱さの絶望と呼ばれる。この形態は、今ある自己を否定し、現実の自己から離脱することを願ってそれができない、無益な自己焼尽である。これに対し、最後の絶望は、男性的絶望または強さの絶望と呼ばれ、自己の不完全さを逆手にとっての自己主張、いわば開き直りの自己執着である。自己の不完全を自覚しながら、しかも自分でそれを不満に思いつつ、それを引き受けて改善しようと努力することもなく、その不満を自己以外のもの（キェルケゴールでは、自己を自己たるべく措定した神）に対し、「おまえのせいで自分はこうなった」と不満をぶつけることによって、逆説的に自己を主張するのである。

キェルケゴールが描くのは、実はすべての人間が絶望していること、しかし絶望にとどまるべきではなく、人は自分の絶望を自覚したなら、むしろその絶望のなかで真の自己を見つめ、自己を自己たるべく措定した者に対し、透明に自己の根拠を置けるように自己を向かわせるべきなのである。にもかかわらず、われわれは自己を自分の思惑に従って自分の願う空想的な自己であろうとし、絶望にしがみつくのである。つまり人間は自己であり、また自己であることに喜びを感じ、より真実な自己であろうとしながら、自己自身のうちに、そこから自己を疎外するものとの葛藤を抱え、そのために真の自己となりえないという、言い表わしがたい矛盾のうちにいる。

無精神化と自己からの逃走

さらにキェルケゴールは、この絶望の描写を通して、人びとに精神としての自己、かけがえのない単独の存在である自己自身を覚醒させようと試みた。近代社会は、個別の自己を空想的に、大衆社会に同一化し、人と同じ自分であることに満足し、自分で判断するよりマスコミの流す情報に安易に流されるものとする。平等化が各個人の没個性化をもたらし、妬《ねた》みが横行し、他者の足を引っ張り、人目につくことを避けさせる。つまり、自分を自分として自覚させることから遠ざかり、他者にも自己を自覚させることから遠ざけるという、時代を覆う無責任性となっていくことを、キェルケゴールは指摘する。

妬みが定着すると水平化の現象となる。情熱的な次代が励ましたり、引き上げたり突き落としたり、高めたり低めたりするのに反し、情熱のない反省的な時代はそれと逆のことをする。それは首を絞めたり足をひっぱったりする、それは水平化する。水平化は、すべて人目につくことを忌避する、ひそかな、数学的な、抽象的な営みである。

〈キェルケゴール『現代の批判』〈岩波文庫〉岩波書店、一九八一年、五八頁〉

なぜ人は自己であろうとするよりも、非凡な他者を妬み、それを引きずり下ろそうとするのか。一つには、キェルケゴールも指摘したように、真の自己形成の求める孤独な内面性の厳しさであり、言い換えれば、あえて自己の独自性を持つ勇気がないからである。そこには、自己に執着しつつ、自己の実像のもろさにおびえ、自尊心のゆえにそれを正面から受け止めることもできない、近代人の自己像が現わされている。

それゆえ、キェルケゴールの示す実存は、単に近代的自我の主体性の形式だけではなく、その内実のもろさ、弱さを示す、まさに「不安」なる自我なのである。それは理性に統御されるというより、理性が命じたその下から不安や絶望として現われ、私という存在を脅かす。そうした自我の実態をかれは自らの絶望を通して描いたのである。キェルケゴールの絶望は、逆にそれを通して神との関係を再構築する契機でもあるが、神を否定した近代人にとっては、それはますます「悪魔的な自我」となって自己のうちに閉鎖的に荒れ狂うものとなった。

5　ニーチェ
――すべては解釈となる――

ニヒリズムの根源

さて、近代啓蒙の最終的な批判者であり、それにとどめを刺したのはやはりニーチェであろう。かれは西洋近代の啓蒙が作り出した、統一的な世界観、進歩という意識、全体性という構想が虚妄にすぎないとし、自律した道徳的主体性としての人間像を欺瞞と見なしたのである。

ニーチェによれば、ニヒリズムとは、「社会的困窮状態」や「生理学的退化」、まして腐敗などによって起こるのではない。それはなによりもまず、「われわれのやっていることの意味」が見失われることによる。それは世界の意義づけ、つまりこの世界において最高の道徳的規範が実現されるであろうことや、よりいっそうの普遍的な幸福の状態へと接近していくこと、といった歴史観、ひいては「希望」が失われることである。

第二に、彼は、統一性・全体性が幻想にすぎないと主張する。あらゆる出来事のうちに、またその根底に、全体性あるいは体系を見出す（例えばカントの叡智界、ヘーゲルの「体系」などを想定していると思われる）考え方である。しかしニーチェは、こうした思想によって、人間が自己以外のもの、それも自分を超えた全体者（神、あるいは世界、歴史等）に連関していることに自分の価値を見出そうとする空しい試みにすぎないとする。

さらに第三に、生成の目標や意義づけなども存せず、さらにその生成の根底になんらの大いなる統一性なども支配していないと洞察するなら、生成のこの世界全体を迷妄と断じ、この世界の彼岸にもう一つの世界を案出し、これこそが真の世界であるとするほかはない。それはこの世界そのものを否定することである。こうしてニヒリズムの最後の形式が発生してくる。それは、形而上学的世界を信じず、もはやこの世を超えたもう一つの世を信じない。この立場に立つとき、人は、生成という実在を、唯一の実在として承認し、背後世界や偽りの神性へと通ずるあらゆる種類の抜け道を、自分に禁止しなければならない。だが、人間にそのようなことが耐えられるだろうか。人間は、この人の世で、そうした一切の意味づけを断念する、それをしながらこの世に耐えられるだろうか。

「事実」から「解釈」へ

こうしたニーチェの人間観は、カント的見解とは真っ向から対立する。ニーチェの立場からすると、一切の情動的、感性的要素から独立した理性的な自己決定や、それに従うことは、それ自体非現実的な一種の妄想、あるいは自己欺瞞の産物とさえ言えるだろう。なぜなら、人間にとっての「自己」は、理性の与える普遍的な道徳法則によってでなく、むしろ欲望や情念、衝動の力によって行動するものだからである。そしてその正しさを判定する基準は、道徳法則という外から与えられた規準ではなく、行為それ自身のうちに、つまり行為者の動機の強さの程度によるのである。つまり自己の行動を正当化しうるのは自己自身だけ、自己を裁くのも自己自身、ということになる。

さらにニーチェにとって、人間は普遍妥当的な理性に基づく認識をしているというよりは、自らの経験や感性によって作られた「仮象」により縛られている、いわばそのなかに「幽閉されている」状態であるという。それは、「自分の張り巡らす巣網のなかに自らを幽閉する蜘蛛」にたとえられる。そうした人間の認識によれば、絶対確実な世界の事実というものはなく、あるのはそうした個々の人間による「解釈」である、ということになる。

世界を解釈する主役をなすものは、われわれの欲求である。つまり、われわれの衝動と、その衝動の賛否がその主役である。いずれの衝動もみな、一種の支配欲であり、どの衝動もみな、それなりの遠近法を持ち、遠近法を規範としてほかのすべての衝動にこれを強制したがっているのである。

（『権力への意志』）

つまり、普遍的な理性というものを土台に、それに基づく客観的認識というものはありえず、単に各自が各自の「遠近法」に従って虚構の世界像を作っている。そこにある特定の主題、歴史の目的や絶対精神の自己認識の過程などという主題は見出しえず、またそこにすべての価値は没落する。そしてニーチェが示しえたのは、そうした価値そのものが没落するとともに、その背後で価値を支えていた啓蒙の理性の前提が危機に瀕しているということであった。

6　カントを超えることはできたか

かれらがカントを超えることができたか、という問いに対して、超えることはできなかったというよりも、カントの抱える問題の深刻さがより明らかになったというべきだろう。人間の普遍的理性という前提が崩れたとき、現実と理性の分裂、普遍的な知や「真理」の存在そのものへの崩壊へとつながり、その結果理性は現実への批判力を失うであろう。スタンレー・ローゼンが言うように、カントにおいて理性が人間の自発性に、不安定な個人の恣意に根拠づけられるとき、理性は誤った判断を免れえないというのみならず、知の普遍性という基盤が崩壊するであろう。そこでは世界の「現実」ですら「解釈」となることを、ニーチェは明白に予言したのである。

〔参考文献〕

J・イッポリット、宇津木正・田口英治訳『マルクスとヘーゲル』（法政大学出版局、一九七〇年）
C・スティーヴン・エヴァンス他、桝形公也監訳『宗教と倫理――キェルケゴールにおける実存の言語性』（ナカニシヤ出版、一九九八年）
大橋良介『ドイツ観念論を学ぶ人のために』（世界思想社、二〇〇六年）
I・カント、篠田英雄訳『啓蒙とは何か』〈岩波文庫〉（岩波書店、一九五〇年）

S・キェルケゴール、桝田啓三郎訳『現代の批判』〈岩波文庫〉（岩波書店、一九八一年）
A・コジェーヴ、三宅・根田・安川訳『概念・時間・言説』（法政大学出版局、二〇〇〇年）
ニーチェ、渡邊二郎編『ニーチェ・セレクション』（平凡社、二〇〇五年）
K・マルクス、城塚登・田中吉六訳『経済学・哲学草稿』〈岩波文庫〉（岩波書店、一九六四年）
S・ローゼン、石崎嘉彦監訳『政治学としての解釈学』（ナカニシヤ出版、一九九八年）

第4章　自由、平等、友愛は何をもたらしたか

――リベラリズム、フェミニズム、絆――

1　リベラリズムの光と影

「～からの自由」と「～への自由」

さて、近代の啓蒙がもたらした最も大きな思想的潮流の一つの流れが、リベラリズムである。それは啓蒙の前提としての人間理性への信頼を世俗化し、社会における個人の自由の尊重という原理へと導くものであった。

バーリン（Isaiah Berlin, 1909 - 1997）が『自由論』のなかで語っているように、フランス革命のスローガンであった「自由・平等・博愛」は、たしかに近代啓蒙を代表する理念であり、それは近代市民

社会の形成に大きな影響を与えた。しかし単純に見ても、自由と平等は両立するものだろうか。かれは自由を消極的自由と積極的自由に分類する。消極的（negative）自由とは、「主体（個人あるいは個人の集団）が、いかなる他人からの干渉も受けずに、自分のしたいことをし、自分のありたいものであることを放任されている」ことである。すなわち、他者の干渉からの自由（freedom from ～）ということになる。それに対し、積極的（positive）自由とは、「人が自分自身の主人であることに存する自由と、わたくしが自分のする選択を他人から妨げられないことに存する自由」、すなわち自己統治、自己支配を求めて自己の主であるという意味での自由（freedom to ～）である。他者からの干渉を受けないということは納得しやすい。しかし、自己を支配しようとすることには、カントの自律にも見られるように、自己の完全な独立を達成するための自己否定と、同一の目的達成のための自己実現という二つの傾向の葛藤が生じてくるのではないか。

古典的なリベラリズムは、まずこの前者の自由の問題を取り上げる。その代表的な立場に、ロック（John Locke, 1632 - 1704）、ミル（John S. Mill, 1806 - 1873）らのような古典的リベラリストらがいる。かれらは権力や他者により、どうしても侵されてはならない最小限の個人的自由の範囲が存在すべきであると考えた。それは、ミルの『自由論』（一八五九年）によれば、まず「個人自身にのみ影響を及ぼす個人主義と行動の領域」であり、「意識という内面的領域を包含し」ている。なぜなら、真理が明らかになり、社会が正しくあるためには、どうしても「思想の自由市場」が必要であるからである。そして第二が、そうした自由の行使が「他者に危害を加えないかぎり」「全く自己一身に関するかぎりは」許される、という危害原則である。

なぜそのように人から干渉されない自由が必要なのか。ミルは、それが真理が明らかになるためであり、真理と誤謬の対決によって、真理をよりいっそう明確にするという利益を社会が受けるためであり、もう一つは、意見の自由および意見を発表する自由が、人類の精神的幸福の根拠であるからであると言う。ミルは、社会においての人間は、各自の個性を十全に発揮し、かつ社会全体としての調和を求めることであるが、そうした各自の卓越した個性を十分に伸ばし、発揮することにより、社会の発展を遂げることができるというものであると主張する。

「自由」と「平等」は両立しうるか

しかしこうした自由は、平等の理念と相入れるものであろうか。自由な社会において、個人が他者と異なっていることを目指しその個性を、最大限に発揮しようとする。他者に対し、自らの卓越性を主張しようとする。しかしその結果、本当に他者と比べて抜きん出ている者はごく少数にすぎず、多くのものは陳腐な特徴を個性と呼んで自己満足するか、もしくは卓越した者をねたみ、その特性を無視したり認めようとしないか、そのような形で卓越性を拒否するものとならないだろうか。実は、キェルケゴールも指摘するそうした時代風潮を、ミルも同様に見ている。

しかしいまや社会は既に完全に個性を征服してしまっている。したがって、人間性を脅かしている危険は、個人的衝動や選り好みの過剰ではなくて、これらのものの欠乏なのである。……現代においては、社会の最高の階級から最低の階級にいたるまで、あらゆる人々が、敵意ある恐るべき検閲の下に生活しているのである。……かようにして、精神そのものがくびきにつながれているのである。娯楽のためにすることにおいてさえ、まず第一に思いつかれるのは世間の習俗に従うということである。……彼らは世間一般に行われている事柄の範囲内でだけ選択を行う。特異な趣味や奇矯な行為は、犯罪と同様に忌避されるのである。そして終には、自分の天性に服従しないことによって、服従すべきなんらの天性ももたないものとなるのである。彼らの人間的諸能力は萎縮し餓え衰える。

〈ミル『自由論』〈岩波文庫〉岩波書店、一九七一年、一二三頁以下〉

各人の自由の行使は、やがて各自の勝手な自己実現、自己満足に走り、その結果、真の卓越性を評価することもできず、それをねたみのために平凡さや世俗性に引き下ろし、社会の発展に役立つ個性の輝きとその林立よりも、互いに目立ちはしないかという牽制と足の引っ張り合いが起こるだろう。それは自由による自由の否定とはならないだろうか。

さらに、こうした消極的自由は、結局のところ、積極的自由にどう関わりうるのか。「人が自分自身の主人であることに存する自由」は、このような自由が頽落する状況で、どのような意味を持つのだろうか。つまり社会が私の自己決定の自由に介入することは避けたいにしても、その実、果たされるべき自己とは何かという問題が巡ってくるだけなのだ。つまり、真に自由であるとは、自己自身への集中であるとしても、それ以上の内実を持つことは困難なのだ。リベラリズムは「干渉されない権利」をもって自己の自由への介入を拒否し、それがさまざまな強制を伴う社会や権力への批判原理ともなった。しかしそうした自由の内実は、自己それ自身へとかえらざるをえないのである。

現代におけるリベラリズムの葛藤

こうした自由の葛藤の例として、例えば現代で言えば、一九八〇年代以降盛んに主張されるようになったリバタリアニズムとコミュニタリアニズムの葛藤を挙げることができるだろう。リバタリアニズムは、個人の選択の自由を、まさに危害原則に抵触しないかぎり最大限に認めさせようとするが、その選択の自由によって享受されるのは、まさに私が快と思うもの、私の嗜好にすぎない。それに対してコミュニタリアニズムは、自由の行使を共同体の利益のため用いること、その共同体の持つ、歴史や伝統に基づく社会的価値を重視することによって、前提とされる価値の多元的対立状況を、共同体的紐帯《ちゅうたい》の再生によって克服し、そのことによって自由をある価値のためにささげようとするのである。

コミュニタリアニズムは、個々人が善と信じることと、共同体の正義を比較すれば、前者は常に後者に優越するという立場をとる。それは、善という考えが、ともすれば各人の主観に委ねられることにより、ときには完全にその人にしか通用しない論理を社会の原理としようとする危うさに対し、確固たる個と全体の関係を示すものである。その理由は、第一に、正義を善の特殊構想から切断することにより普遍化しようとするとき、正義は無内容化、無力化されてしまうからである。豊かな内容と説得力を備えた政治的価値の源泉と妥当根拠は、コスモポリタン的な人権や正義といった普遍主義的理念ではなく、それぞれの政治共同体の歴史と伝統に埋め込まれた特殊な善や徳についての共通理解であるとされる。第二に、個人が自己のアイデンティティを自己の選択能力にのみ負う「負荷なき自我(the unencumbered self)」であるとき、そのような自我は、自己の内部に選択の指針を持たないため、かえって外的な力によって操縦されることがあっても抵抗できない。それゆえ、自分が帰属する共同体の共通価値を自己のアイデンティティの基盤にまで浸透させた「位置ある自我（the situated self)」こそが、強い人間的主体性を確立するために必要な倫理的脊椎を持つと考えられる。第三に、よき生の追求が個人の、いわば趣味に委ねられた結果、社会全体に共通の善と正義が見失われ、社会のアノミー化が進行する。したがって、社会に共通の善き生の理想を公共的に議論し決定し執行することが必要である。

しかし自由の基礎をなす共同体の正義とは、はたして伝統や歴史に求めうるものだろうか。誤った歴史も今日では通用しない伝統も存在するのに、それらに対する批判は持ちえないだろうか。それだけでなく、共同体に制約される自由は、それを超えて批判することを禁忌とする、非自由に陥っているのではないか。さりとて「リバタリアニズム」もまた、社会的に強い立場にある者にとっての極限まで進められた嗜好の自由でしかないことは明白である。社会的に弱い立場の人間には、そもそも選択ということができない。それゆえ、絶対の自由は逆に人間が平等の条件にはいないことを明らかにし、そうした階層の間では「博愛」の理想もまた遠いことが明らかになるのである。バーリンは、結局、政治的平等も効果的な組織も、ごく少量の個人的自由以上のものとは両立せず、無制限な自由放任とは全く両立しえないことを指摘している。

2　リベラリズムとフェミニズム

ミル『女性の隷従』の意義

さて、リベラリズムのもう一つの成果は、男女平等論の提唱である。われわれは今日の平等論を啓蒙の成果と見ているが、そうではない。啓蒙の論理は、実は女性の解放を直接に生み出したのではない。ルソー (Jean-Jacques Rousseau, 1712 - 1778) は『エミール』において夫を助け家事・育児にいそしむ中産階級の女性を理想として描いた。カントは『美と崇高の感情に関わる考察』において、男性の悟性は深く、女性の悟性は美しい、と語った。つまり啓蒙は、女性を生まれつき男性と異なる本質を持ち、啓蒙の本質である理性が男性に比べて弱いものと位置づけ、それゆえ男性への服従と奉仕のための存在として把握した。社会的にも法律的にも、女性は父または夫に服従し、その庇護の下にいるべきものとされた。

女性は男性の理性に対し感情の動物で、公的な場で活躍するには無能力であるとされた。それゆえ女性は男性の指導と庇護のもとにいるべきで、男性に服従すべきもの、かつ私的空間である家庭にとどまるべきものであるとされ、自由・平等・博愛のスローガンも、女性は例外とされた。フランス革命の人権宣言に対抗し『女性の人権宣言』を発表したオランプ・ド・グージュ（Olympe de Gouge, 1748-1793）は断頭台の露と消えた。ナポレオン法典は女性の服従を成文化した。むしろ啓蒙の本流のなかでは、女性の平等はほとんど考えられることもなかったと言ってよい。

そのなかで、ほとんど唯一といってよい例外は、J・S・ミルである。かれはリベラリズムの立場からのフェミニズムを展開し、『女性の隷従』を発表し、かつ女性参政権を求める演説を下院議会で行なった。そのときは否決されたが、当時としては画期的なことであり、現在においてもその意義は大きい。

この本のなかで、ミルは現段階でのイギリスの女性の地位が奴隷的であり、結婚によって女性は夫に隷従することが強制されているが、こうした不平等を解消しなければならない、と主張している。まず法的に妻は夫の動産であり、妻には夫に絶対的な服従が要求される。妻は自分の財産の管理権もなく、離婚の自由もない。よしんば離婚できても、女性に職業もない状況では、女性は結局忍耐して結婚生活にとどまることしかできない。

ミルはドメスティックバイオレンスの問題にも触れている。当時のイギリスでは、夫が妻を殴ることは当然の権利であり、妻への教育とさえ思われていた。これに対しミルは、女性への暴力を認めることは、男性の品性をおとしめることでもあり、また夫の妻への暴力が、子どもたちへの教育となって世代を超えて暴力を再生産する原因になっていると指摘する。またその暴力の原因は、女性が平等の地位にないことであると主張する。つまり、女性が法的にも経済的にも平等な権利を有していないところでは、慈愛や思いやりによる夫の指導と妻の愛情に満ちた服従などは、稀有な僥倖《ぎょうこう》にすぎない。

それではなぜ、女性はそうした不平等と隷従に甘んじているのか。それは、女性が幼いころから、他者のために生きることこそ女性の唯一の義務であり、女性は完全に夫と子どものために自分をささげつくし、愛情に生きることが女性の理想であり、そのために女性はわがままを捨て、服従せよと教育されるからである。女性にとって、男性の好意を得ることが唯一の人生の目標となり、生きる手段となるときに、どんな不合理な状況でも、女性はそこから逃れようとは思わない。そして現実に、夫の暴力を受けても、それに抵抗したり外部に訴えればよりひどい暴力を受けるとなれば、逃げたくとも逃げられないだろう。

さらに、こうした法的規定の原因は女性の無能力にあるとされるが、ミルは女性も平等に教育や職業訓練の機会を得れば、男性と同様知的活動につくことも可能としている。しかし女性がこれまで知的に高度な分野で偉大な天才を生み出したことがないという批判に対しては、ミルは、女性がそうした才能を発揮することを社会が受け入れず、また訓練の機会も与えなかったことや、女性に重い家庭役割を押しつけることで事実上両立不可能にしたことを指摘する。

こうしたミルの立場は、その後の女性の平等、女性解放論の大きな原動力となった。何より、女性が生まれつき無能力であるわけでも従順な性格であるわけでもなく、社会とそこから期待されることが女性を縛り、女性から多くの才能や可能性を奪っていること、つまりそこに、差別は自然によらず、人為によるというフェミニズムの最初の発想が貫かれていることを評価できる。

リベラル・フェミニズムの両義性

しかし一方で、リベラリストとしてのミルの立場から言えば、次の問題点が浮かび上がる。まずリベラリズムの平等主義を実現するために主張されるのは、機会の平等であって結果の平等ではない。それゆえ結果の相違は個人の選択・選好・能力・努力の結果にすぎないとされる。しかし、はたして人間は機会の平等だけで十分だろうか。例えば才能のある女性が社会で活躍することに異存のある人は少ない。だが社会で才能を認められ、活躍している人だけが才能があり、努力してきたと言えるのだろうか。

そもそも人は、才能や本人の努力だけでなく、どのような環境で、どのような両親の下に生まれたかなど、本人の努力の及ばないところでの影響が大きいのではないか。同じような才能を持って生まれても、親の経済力のために力を伸ばせないケースも、親が名士であれば社会的に注目されやすいというケースもある。言い換えれば、社会で成功している人だけが才能があり、それを選んで努力したわけではない。にもかかわらず、機会が平等に与えられているのだから、その結果に満足すべきと言えるだろうか。その結果の不平等は、あくまで自己責任の範囲と言えるだろうか。それほど社会は公正な結果をもたらすものであろうか。

リベラリズムはあくまで個人の選択の自由を、本人が選択したからということで尊重する。だがはたして選択はそれほど万能のものであろうか。例えば、本人が選んで結婚したのだから、相手の暴力や結婚前には分からなかった欠陥があったからといって、それを忍ぶべきだと主張しうるだろうか。この書のなかで、ミルが、既婚女性は家政と育児を第一にすることを選択したのだからそれに専念すべきと主張したことが、しばしばフェミニズムからの批判の対象となるが、問題はかれが、「選択したこと」であるから結果を甘受せよと主張したことの方にあるのではないか。

結局、リベラル・フェミニズムの問題は、あくまで抽象的理念としての平等で自由な人格を想定しながら、実際にはその人間の前提は、ある特定の存在としての人間――つまり、市民社会における成人男性という一定の人間像であるからこそ、一人一人は等しい潜在能力を持ち、等しい扱いをすればそれが平等になるのだ、と信じることができたのだ、と岡野八代は指摘している。(『フェミニズムとリベラリズム』二八頁) だが実際の人間は「禁止や期待などのさまざまな社会的コードによってあたかも『自然』であるかのように構成され」ており、決して抽象的な「人間」ではなく、さまざまな社会的背景、環境、生育歴を背負った存在であり、それらが絡み合うところに生身の、さまざまな現実に引き裂かれた個人として、決して単純に機会の平等によって平等な結果が得られるわけではない。

リベラル・フェミニズムを超えて

さらに言えば、こうした男性と対等の社会的地位を手に入れることが、いわば女性の「自己責任」

とされるなら、実際にはそれを不可能にしている社会に対する批判力を失ってしまうだろう。なぜなら、女性が教育を受けられないことや、社会で活躍できないことは、本人の選択以前の周囲の環境や社会的偏見といった、本人にどうにもならない事情が決定的であるにもかかわらず、それらも結局、自然の差異の結果あるいは「自己責任」として正当化され、改革すべきものではなくなるからだ。その点で、リベラル・フェミニズムは大きな限界を持つ。一部エリート女性が活躍する場は与えられても、多数の「普通の」女性はそれを積極的に選択したものとして、その抑圧される立場を逃れることはできなくなるからだ。

その後のフェミニズムは、こうしたリベラル・フェミニズムの限界を認識し、批判していくことで展開されていく。例えばラディカル・フェミニズムは、女性の差別の構造を作り出すものとして「父権制」の権力構造の視点を確立する。マルクス主義フェミニズムは、女性の担っている家庭内の再生産労働がアンペイド・ワークであることが女性の二重の搾取となっていることを指摘し、さらにポストモダン・フェミニズムにおいては、「女性」という性を特化する知の構造自体を問うことになる。いずれも、公と私の区別や「人間」という抽象的理解を超え、「個人的なものは政治的である」ことを発見し、女性という抑圧された立場、男性より一段階下の人間として位置づけられた存在であることを発見し、それに対する異議申し立てを行なうものである。

ここでは、啓蒙の前提する理性の主体である普遍的な「人間」は、実は西洋市民社会である程度の位置を占める成人男性という歴史的・経済的特権を持った特定の人間にすぎず、それを中心にした人間観にすぎなかったことが明らかになったのである。

3　リベラリズムの限界

リベラリズムは自由の社会的限界においてその批判力を失ってしまう。自由・平等・博愛のスローガンは、実際には強者の自由とその結果としての不平等、博愛をはじめとする社会的紐帯の消失という、当初の理念と全く逆の方向へ進んだ。それは啓蒙の理性が、そうした矛盾を把握することができなかったからではないか。たしかにリベラリズムはいまだ解放されざる人びとの不自由を発見し、封建制を批判したが、その自由が社会的に行使された場合の抑圧と支配の結果を正当化してしまう結果ともなる。自由はその目標を自己自身にしか見出せないとすれば、それはやはり自己意識の循環でしかない。カントに見られる自由の限界は、ここでもその影を落としている。そして自由は、それを持つ者の力の行使となるが、その場合、理性ではなく個人の欲望が、道徳ではなく個人の嗜好が目指されるとき、自由は自己崩壊の危機にさらされているのである。

〔**参考文献**〕

稲葉振一郎『リベラリズムの存在証明』（紀伊国屋書店、一九九九年）
井上達夫『他者への自由――公共性の哲学としてのリベラリズム』（創文社、一九九九年）

江原由美子編『フェミニズムとリベラリズム』（勁草書房、二〇〇一年）
奥田暁子他編著『概説　フェミニズム思想史』（ミネルヴァ書房、二〇〇三年）
北田暁大『責任と正義――リベラリズムの居場所』（勁草書房、二〇〇三年）
竹村和子編『ポスト・フェミニズム』（作品社、二〇〇三年）
アイザィア・バーリン、小川晃一訳『自由論』（みすず書房、一九七一年）
J・S・ミル、大内兵衛他訳『女性の解放』〈岩波文庫〉（原題『女性の隷従』岩波書店、一九五七年）
J・S・ミル、塩尻公明・木村健康訳『自由論』〈岩波文庫〉（岩波書店、一九七一年）

第Ⅲ部

理性の危機と科学批判

第5章　数学的世界の確立と理性の危機

1　はじめに

われわれの生活のなかを見回してみれば、数え切れないくらいの電化製品に囲まれて暮らしていることが分かるだろう。あるいはそのような物の上でわれわれの生活が成り立っているとも言える。しかしわれわれはその物の仕組みについて詳しく知っているわけではないし、またそれを生み出してきた科学がどういう在り方をするものなのかについて考えることも少ない。

現在、われわれが引き継いでいる科学は、近代にいたって革命的な変化を蒙ったと考えられている。この変化は一体われわれにどのような意味があるのかということをここでは考えてみたい。

2　十七世紀科学革命

秩序ある世界

まず十七世紀に起こった科学革命の意味を科学史家のコイレ（Alexandre Koyré, 1892 - 1964）の言葉で確認しておこう。かれによれば、この変化はコスモスの解体と空間の幾何学化という二つの特徴を持つという。コスモスの解体とは、「空間構造が完全性と価値の位階秩序を体現している、有限できちんと秩序づけられた有機体としての世界概念」（A・コイレ『閉じた世界から無限宇宙へ』みすず書房、一九九三年、iv頁）に対して、「基本的な構成要素と法則の同一性によってのみ統一されている無際限な、あるいは無限とさえいえる」（同上）宇宙概念が取って代わったことである。そして空間の幾何学化とは、アリストテレス的な空間概念が、「本質的に無限で等質的な延長」（同上）であるユークリッド幾何学の空間概念に置き換えられたことである。

このように、十七世紀の科学革命では、古いアリストテレス的なコスモスが崩壊し、幾何学的な世界によって取って代わられたのである。この新旧二つの世界の間に連続性を見るか、あるいは不連続性を見るかという大きな問題があるが、その問題は次章で立ち返ることにして、まずはコスモスに関してはアリストテレス（Aristotelēs, 384 b.c. - 322 b.c.）の思想を、そして新しい世界についてはガリレイ（Galileo Galilei, 1564 - 1642）とデカルト（René Descartes, 1596 - 1650）の思想を見ておくことにしよう。

アリストテレスは古代ギリシャの哲学者であり、かれの思索は哲学、倫理学をはじめとして、政治学、生物学、自然学などきわめて広範にわたっており、いずれの分野においても支配的な権威として、二千年近くその影響力を保ち続けた。ここでは先のコスモスを象徴するような言葉を見ておくことにしよう。

自然物には偶然性でなく一定の目的性が、しかも最も良く認められるからであって、その存立や生成の目的は美の領域に属することである。

（アリストテレス『動物部分論』〈アリストテレス全集八〉岩波書店、一九七六年、二八二頁）

すなわちコスモスの秩序とは、目的によって整えられた秩序だということであるが、これが物議を醸すもとになっている。というのも、世界がすみずみまで秩序づけられているということは、そのなかにある個々のものもまたそれ相応の分（本性）があるということであり、それに即した静的な世界こそが本当の世界であることになる。そのように考えられる世界で、動的な、運動という概念を説明しようとするとどうなるだろうか。

アリストテレスは運動を自然運動と強制運動とに区別している。自然運動は、自らの本性による運動のことであり、例えば何かから石が落下するような運動である。他方で強制運動とは、外的な力が加わって起こる運動である。その例としては、石を投げる場合が挙げられる。さて前者の自然運動について考えてみよう。なぜ石は落下するのだろうか？　われわれは普段の生活のなかで、何かの上から石が地面に落ちるのをたびたび見ているし、それを不思議とも思っていない。しかしその理由を説明せよと言われたら、どのように答えるだろうか。もちろん中学や高校で習った知識を駆使して、「重力によって」と答えることができるかもしれない。しかしアリストテレスの時代にはそのようなものはいまだ見つかっていなかった。そこでかれは、物の本性や秩序という考えを駆使して、地面こそが石のあるべき自然な場所だからと答える。つまり自然運動とは、そのものにとっては不自然な場所から、自然な場所に戻ることである。

他方で強制運動の場合はどうなるのだろうか。例えば石を上に放り投げた場合、石はすぐに地面を目指して落下するわけではなく、しばらくの間は上昇し、そのあとで地面に落ちてくるということは誰しも経験することだろう。しかし先の自然運動の場合のように、なぜ石は私の手を離れた瞬間からすぐに地面を目指して落下しないのだろうか。放り投げた当初は、私の手の力の方が石の自然本性に勝ったとしても、なぜしばらくの間は上昇するのだろうか。アリストテレスにとって、強制運動の原因（ここでは手）はそれが作用する物（石）と接触していなければならず、手を離れた石が上方へ向かって飛んでいくことを説明するのはきわめて困難である。アリストテレス自身は、物体の周囲の媒体の反作用によって運動が可能になると考えた。いわば空気が石を押し上げて上方へと運んでいくのである。しかし自然運動の場合とは異なり、この強制運動の説明に関しては違和感を抱くことはないだろうか。その通り、アリストテレス以降の自然学者もまた二千年近くの間、この問題と格闘することになったのである。

新しい秩序としての数学とその特徴

ここではアリストテレスの説が、どのように退けられたかという専門的な問題には深く関わることはせずに、それに代わる世界観として登場した近代科学の特徴を、コイレに従って二つ挙げておこう。一つは自然の数学化であり、もう一つは科学の数学化である。

この第一番目の特徴を端的に表わすのは、ガリレイの有名な「自然という書物は数学の言語で書かれていて……」という言葉である。もしこのことが正しければ、自然を対象とした学問が数学を基礎に持つということもまた明らかなことである。つまり、扱う対象がそもそも数学的な言語で書かれているのだから、それを解読するにも数学が必要なのである。ガリレイに関しては、ピサの斜塔での実験など、理論家であるよりは実践家であるという印象を持たれやすいが、かれの観察や実験は、われわれの日常的な見る、経験するということではなく、むしろ数学的言語による観察、実験である。

さてそれでは数学とは一体どのような特徴を持った学問だろうか。ガリレイの念頭にあった数学は、幾何学のことであり、それが数学のなかで最も基礎的なものと考えられていた。現代では幾何学よりもさらに算術（数）の方がより基礎的だと考えられているので、そちらを例にして考えてみよう。

例えば夏になってスイカを買いにスーパーに出かけたとする。あなたは一体何を基準にスイカを買うだろうか。例えば形、大きさ、色、値段などいろいろな判断基準がある。最近は糖度というのがスイカの甘さを示す基準として示されていることがある。度数（数字）が大きければ甘く、小さければ甘くないというわけである。しかし少し考えてみると、これはおかしくないだろうか。甘さというのはあるものの性質であって、例えば甘党の人が甘いと感じるのと、甘いのが苦手な人が甘いと感じる甘さとは全く同じだろうか。

こう考えてみると、数学の特徴がおぼろげに明らかになってくる。それはすべてのものを量に変えるということである。糖度の例で言うなら、甘さの性質を数値（量）によって表現しているのである。次にそれは個人的・主観的な感覚や経験を切り捨てるということである。甘さというのは、人それぞれに感じ方が違うはずなのに、それを数値によって表現することで、誰にとっての甘さか、という問題をなくしてしまうことになる。つまり主観性を切り捨て、客観的な世界を作り出すということである。

アリストテレスの自然観では、石が落下するとか、火は上昇するといったその物の性質が重要な役割を果たしていたが、この新しい世界観では、コイレが「等質的」と述べていたように、物の性質は度外視され、すべてが量によって表現されるのである。

数学と理性

ここで近代の科学革命に大きな役割を果たしたもう一人の人物、デカルトの思想についても見ておくことにしよう。デカルトの言葉として特徴的なのは、「良識はこの世のものでいちばん公平に分配されているものです」（R・デカルト『方法序説』〈デカルト著作集一〉白水社、一二頁）という言葉である。この良識は理性とも言い換えられ、誤りと正しさを判断する能力であるとされている。この能力は誰にでも備わっているのだから、使い方を誤らなければ、誰もが正しい知識に到達すると考えていた。もちろんその出発点が間違っていれば、その後の過程も間違うことになるので、デカルトにとって、出発点の問題は非常に重要な問題である。そこで出てくるのが、「我思う、ゆえに我あり」という絶対確実な出発点である。これはあらゆる疑いうるものを疑い尽くし、絶対に疑いえないものとして取り出された出発点であり、この出発点から正しく歩んでいけば、世界についての正しい知識が得られると彼は考えていた。例えばわれわれは、見間違いを起こすことがありえる。その場合、そこにあると思っていたものがないのだから、物体があるということは不確かである。しかしデカルトは、「物質的なものが、純粋数学の対象である限りにおいては、存在しうる」（R・デカルト『省察』〈デカルト著作集二〉白水社、一九八〇年、九三頁）ともいう。つまり数学的な対象としての物体は確実にあると言えると考えた。

これはガリレイが「自然という書物は数学の言語で書かれている」と述べたことと同様の見解と考えられるだろうし、世界の本当のありようは数学的なものだということである。さらに、そのことは理性を正しく用いれば、誰にとっても自明だと主張している。

この二人が述べたことは、現在のわれわれの常識を形成するものであるとも言えるだろう。例えば、われわれの誰もが、計算間違いや推論の方法を間違えなければ、数学は誰にとっても同じ答えを与えるはずだと考えている。その意味で数学は文学や芸術などとは異なって、客観的なものだと言える。

先ほどの糖度や、または気温などでもよいが、われわれは数値によって表現されたものは、誰にとっても同じように通用すると考えているのではないだろうか。つまり主観的には異なるものでも、客観的に考えればそのものの在り方は一つだと考えているのではないだろうか。そういう意味では、われわれはもはやアリストテレスが考えたようなコスモスの世界に生きているのではなく、数学的な世界に生きているといってもよいだろう。

しかしここに疑問が出てこないだろうか。たしかに数学によって表現される世界は誰にとっても同じように妥当する世界であり、客観的な世界である。しかしそのような世界にわれわれが入り込む隙間があるのだろうかという疑問である。つまり数学的世界は、一切の主観的なものを排除して成立している世界であるが、しかしわれわれはその世界に住んでいるのだから、主観的なものが排除された世界は本当にわれわれが住んでいる世界と言えるのだろうか？　という疑問である。

3　理性の危機と科学の客観性

科学は人間にとってどんな意味があるか？

これまで見てきたように、われわれが現在引き継いでいる科学は、主観的なものを切り捨てることで成立している。しかしそのことによって科学が明らかにすることは、「たしかにそうかもしれないけれど、でも自分としては……」という気分にわれわれをさせないだろうか。私の実際の経験と科学が明らかにすることとの間には大きな溝がある。

客観性を成立させるもの

科学が主観的なものを切り落とすことによって成立しているなら、その科学とは一体誰による営みなのであろうか。近代科学、それはまた西洋の伝統的な哲学全般に対しても通用することであるが、主観から切り離された客観性や真理への志向は、「どこでもないところからの眺め（View from Nowhere)」によって支えられている。デカルトの言葉にもあったように、例えば数学的な真理は、いつどこで誰がそれを表現しようとも、正しい手続きによって行なわれるならば、常に同一のものとして表現されており、それゆえにこそ、数学的真理は、すぐれて客観的であると言える。そのことは逆に、そのような表現を行なうのは誰でもよいということ、あるいはより強く言うならば、ある特定の人物であってはいけないということになる。しかし実際にはそれを行なう誰かが必要なのだから、結局は「誰でもない誰か」による営みということになるだろう。「どこでもないところからの眺め」といい、「誰でもない誰か」といい、ともに奇妙な表現ではあるが、しかしこれらこそが科学の客観性を支えていると言えるのである。

デカルトの見出した「我」こそまさにこのような性質をそなえている。デカルトの「我」は、あらゆるものを疑い、無化したあとに見出されるものであり、またそれは身体やその他の物体とは異なって、延長を持たないものであると言われている。延長を持たない以上、そのような「我」はこの空間上に位置を持っていないことになる。しかしながら、デカルトにとって、学問を行なうのは身体ではなく、むしろ精神であるところの「我」である。それゆえに「どこでもないところ」と言えるであろう。また、その我は同時に理性でもあり、それは「万人に等しく分配され」ており、それを正しく用いるなら、正しい知識を手に入れることができるのだから、理性を正しく用いている場合には、その個別性は何らの意味も持っていない。それゆえに「誰でもない」と言える。したがって科学は世界を超え、あらゆる個別性を超えた営みだと言える。しかしわれわれは実際には身体を持って生きており、そうである以上は空間内のある一点に位置を占めなければならないし、われわれは、同時にある物体の全面を見渡すことはできないのである。科学はそのことを無視することで成立している。

客観的理性に対する批判

ガリレイ、デカルトによって着手され、ニュートン（Isaac Newton, 1642 - 1727）によって確立された近代科学はその後ますます理論を精緻化させていたが、十九世紀半ばから二十世紀前半にかけてある変化を迎える。それは外からの変化というよりは、むしろ科学に内在する問題が噴出してきたと言ってもよいであろう。その一つは、ギリシャ以来二千年以上もの間あらゆる学問の模範と見なされていたユークリッド幾何学における変化である。ガリレイにせよ、デカルトにせよ、それこそが世界を表現していると考えていたユークリッド幾何学は、非ユークリッド幾何学の登場によって、必ずしも唯一のものではなくなった。またニュートン力学に代わる、アインシュタイン（Albert Einstein, 1879-1955）の相対性理論の登場も、ニュートンの世界とは別の世界を提示することになる。

このような科学に対する批判がそれと同時期に生じてきた。ここではそのうちの二つを挙げておこう。一方は、客観的なものと主観的なものとの溝を埋めようとする動きであり、他方は、そもそものような経験される世界の背後にある客観性や実在といった考えそのものを退けようとする動きである。ここでは前者の方を考えてみよう。

学問の危機と理性の鍛え直し

科学がいかに客観的なものであるといっても、それを行なうわれわれを全くなしにしてしまうことはできない。そこで科学とわれわれの経験との間の溝を埋める方法としては二つのものが考えられる。一つはわれわれの経験を科学化（数学化）することである。もう一つは、客観性やそれを支えてきた理性の概念を作り変えることである。最初の方法は、科学をわれわれの経験にまで押し広める方法であり、論理実証主義と言われる哲学者のとった道である。そして後者の方法は現象学の創始者フッサール（Edmund Husserl, 1859-1938）の選んだ道である。

フッサールは近代科学の成立をやはりガリレイによる自然の数学化に見ており、かれのことを「発見する天才であると同時に隠蔽する天才」（E・フッサール『ヨーロッパ諸学の危機と超越論的現象学』中央公論社、一九九五年、九五頁）であるという。ここで発見されたものは数学的世界であり、同時に隠されたものは主観的‐経験的世界である。

フッサールは、この発見と隠蔽は二段階の過程を経て行なわれたと考えている。その第一段階は、われわれが経験している物体的な世界を、「その空間時間的な形態に関して理念化すること」（同書、六三頁）であり、そのことによって客観性が作られる。次にそのような理念的‐客観的なものが、すなわち数学的なもの、測定術と結びつくことによって、再び経験的な世界へ立ち戻ってきて、今度はわれわれが経験するものに客観性を与え、それを数学的なものときわめて近いものとして認識させるのである。そのことによってわれわれの主観的‐経験的世界は数学的世界によって覆い隠されてしまうのである。

フッサールが行なおうとしたことは、いったん数学的世界の覆いを取り去って、主観的‐経験的世界へと立ち戻り、そこからどのようにして数学的世界が成立するのかを明らかにすることであった。その試みのなかでフッサールは生活世界というものを発見する。これは、経験的‐主観的世界のことであるが、そのような世界こそがまさにわれわれが生きている世界であり、自然科学をも含めてわれわれのあらゆる活動にとっての意味が生まれ、またそれが蓄積されていく場所である。

この生活世界の発見は、伝統的な科学の客観性を支えてきた無世界的な理性に対しても変更を迫ることになる。先にも述べたが、われわれが数学の問題を正しく解いているなら、そのとき、私の個別性は数学の問題にとってなんの意味も持たないし、むしろそのような個別性が意味を持つべきではないのである。それゆえに数学の問題を解く私は「誰でもない誰か」でしかない。それに対してフッサールはそのような理性ではなく、むしろ世界のなかで実際に生きている理性であることを要求しているのである。そうであるとするなら、そのような理性は身体を持ってある空間内に位置を占め、またそれなりの時間位置（歴史）をも持つような理性でなければならないということである。そこからどのようにして客観性が形成されるかは、次章で述べることにしよう。

〔参考文献〕

内井惣七『科学哲学入門――科学の方法・科学の目的』（世界思想社、一九九五年）

A・コイレ、菅谷暁訳『ガリレオ研究』（法政大学出版局、一九八八年）

D・ザハヴィ、工藤和男・中村拓也訳『フッサールの現象学』（晃洋書房、二〇〇三年）

谷川多佳子『デカルト『方法序説』を読む』（岩波書店、二〇〇二年）

H・バターフィールド、渡辺正雄訳『近代科学の誕生』（上・下）（講談社、一九七八年）

E・フッサール、浜渦辰二訳『デカルト的省察』〈岩波文庫〉（岩波書店、二〇〇一年）

J・ヘンリー、東慎一郎訳『一七世紀科学革命』（岩波書店、二〇〇五年）

村上陽一郎『西洋近代科学――その自然観の歴史と構造』（新曜社、二〇〇二年）

山口義久『アリストテレス入門』〈ちくま新書〉（筑摩書房、二〇〇一年）

第6章　科学の客観性と共同体

1　はじめに

先の第5章では、いくつかの問題が問われないままに残されてしまった。その問題とはまず、科学の歴史は進歩の歴史なのかどうかという問題である。次に経験される世界の背後に真なる、実在の世界を想定するという考えについての批判の問題。そして最後に、近代の学問一般が前提としてきた客観性の概念を作り変えるという問題である。この章では、これらの問題への解答を探しながら、現代の科学について考えていくことにする。

2　真理の伝承と共同体

真理と客観性の時間性

まずは最後の問題、つまり客観性の概念を作り変えるという問題から考えていこう。先の章の最後で見たように、フッサールは、近代の科学を支えてきた時間、空間的に場所を持たないような理性に代えて、むしろ世界のなかで実際に生きている理性を置こうとした。そのような基盤の変更は、その上に立っている科学やそれが主張する客観性の在り方まで変更を迫ることになるのは明らかだろう。それでは具体的にどういうことになるのかを考えてみよう。

一般的に科学の客観性や真理はいつでも、どこででも、誰にとっても通用するものであると思われている。それゆえに、それを支える理性は空間‐時間内に位置づけることができない。それは同時に客観的なもの、真理といったものも空間‐時間を超えたものであるということでもある。しかしもしも、フッサールがしたように身体をもって、空間‐時間内に位置づけられるような人間から客観性の概念を捉え直そうとするならば、科学の超時間的な客観性や真理という考え方は維持できない。そこでフッサールが選んだのは、超時間性（Überzeitlichkeit）ではなく、遍時間性（Allzeitlichkeit）という考え方である。これは聞き慣れない言葉ではあるが、客観性を時間を超えた、つまり無時間的なものと考えるのではなく、むしろあらゆるときにあるということを意味する言葉である。

そうすると次に考えなければならないのは、そのような客観性や真理の遍時間性を可能にさせるものは何か、という問題である。

真理と言語

フッサールはこの問題に関して言語、あるいは文書の役割を重視している。例えばあなたがまだほかの誰も知らない重大な数学の真理を発見したとしよう。しかしあなたがその真理を誰にも告げずに自分の胸のうちに秘めておくなら、その真理はいまだ十分な客観性を持たないことになる。したがって、言語化を行ない、他人に伝達することが客観性や真理にとって必要な条件なのである。しかし言語には話すことと書くことの二つの方法がある。ある数学的真理を授業中に口頭で教わるということがある。それはまさに時間－空間に制約されている。しかしその内容が教科書などによって文書化されることで遍時間的に、誰にとっても知られるものとなる。

以上で客観性や真理の意味が二重に変更されたわけだが、それを確認しておこう。第一に、その性格が無時間性から遍時間性へと変化した。第二に、それは人間とは無関係にそれ自体で存在するわけではなく、むしろ人間同士の相互了解あるいは間主観性という在り方を必要としているということである。

文書化の危険性と意味の同一性という前提

さて、文書化によって遍時間的な客観性が成立するわけだが、この文書化にはある問題がつきまとっている。それは意味の沈殿という事態である。例えばわれわれは、ピタゴラスの定理が$c^2=a^2+b^2$であることを知っているし、この定理を使って数学の問題を解くこともできる。しかしわれわれはその定理をピタゴラス（Pythagoras, c. 570 b.c. -?）が発見したように、あるいはかれと同じような具体性をもって理解できているだろうか。おそらくそうではないであろう。われわれは、その定理をただ機械的に暗記しているだけで、その意味をピタゴラスと同じように理解しているわけではない。ここに文書化の危険と学問の危機が存するとフッサールは考えている。つまり記号で表現された式やその操作方法のみが文書によって伝えられるだけで、式と経験との関連が断ち切られ、数学的世界という理念を打ち立てることになるのである。それに対してフッサールは、そのもともとの意味を再活性化させることによって、記号化への危険に対処しようとしている。

しかしこのフッサールの思想は、ある意味では伝統的な科学や哲学の一種の変形でもある。つまり超時間的な真理を遍時間性と言い換えたとしても、そこではいまだに真理や、真なる実在の同一性を前提しているのである。二十世紀後半の、いわゆるポストモダンと言われる現代思想においては、その同一性そのものに批判の目が向けられている。

3　パラダイム

進歩か革命か

客観性、真理、意味という言葉は、たしかにそれぞれ独自の意味を持っており、必ずしも同じことを意味しているわけではない。しかしまたそれらの言葉が指し示す事柄は大きく重なることも事実である。例えば科学の客観性とは、科学が表現すること、すなわち意味が誰にとっても等しく当てはまるということであり、それがまた真理としても認められている。そしてそれらの概念の背後にはさらに、同一性という概念が潜んでいる。すなわち事物にはそれ自身の在り方があるのであって、だからこそそれは個々人の主観的な相違を超えて、客観的なものでありうるというわけである。つまり同一性に関するわれわれの信念が、客観性や真理といった概念を成立させているのである。

このように同一性を前提にするなら、科学の歴史的な変遷は、基本的に断絶はないはずである。またギリシャ時代から現代までの科学の変遷を見渡してみるなら、われわれは以前よりもよりうまく自然を制御できているのであって、そのような変遷を進歩と見ることにもなんの抵抗も感じないだろう。したがって、われわれの歴史は、進歩の歴史であると考えることもできる。しかし、ガリレイやデカルトの時代に起こった科学上の変化をわれわれは科学革命と名づけている。革命とは一般的に、ある政体が全く別の政体へと急激に変動することを意味している。通常、革命前後の政体には何ら共通点はないと考えられる。とするなら、科学における変化も革命的であるなら、その変化は連続的ではなく、むしろ何らかの断絶を含んでいるということになるのではないだろうか。またそうするとわれわれは客観性や真理の背後に潜む同一性という考えを捨て去らなければならないのではないだろうか。

科学革命の意味

この科学革命の意味に関して少し長くなるが、再びコイレの意見を見ておくことにしよう。

近代科学の創設者たち——なかんずくガリレイ——がなさねばならなかったことは、ある誤った理論を批判し、それとたたかい、それをいっそうよい理論におきかえるということではない。彼らはそれとは全く違ったこと、すなわち一つの世界を破壊し、それをもう一つの他の世界に変えねばならなかったのである。彼らは我々の知性の枠そのものをつくり変え、その概念を改革し、存在に対する新たな接近、認識の新たな概念、科学の新たな概念を展開せねばならなかった。

（A・コイレ「ガリレイとプラトン」『科学革命の新研究』日新出版、一九六八年、八八頁）

コイレは一時期フッサールのもとに留学しており、かれらの間に共通点を見ることができる。それはガリレイによって数学的世界観が打ち立てられたと考えている点である。第5章でも触れたが、ガリレイはピサの斜塔の実験などが有名で、アリストテレス主義的な理論優位の科学から、実践的な科学への転換を導いたと考えられているが、実際にはアリストテレス的な理論を数学的理論に置き換えたというのである。そしてかれらの相違は、フッサールにおいてはそこになお連続性を認めているのに対して、コイレはそうではないと考えていることである。

パラダイムチェンジ

このコイレから強い影響を受けて、科学史に新たな展望を開いたのが、科学史家・科学哲学者のトーマス・クーン（Thomas S. Kuhn, 1922 - 1996）である。かれの思想をまず簡単にまとめておこう。かれによれば科学は、科学者たちが共通に前提として持っているパラダイムと言われる枠組みに従って成立するものであるとされる。そしてある科学理論が革命的な変化を迎えるときには、その理論を成立させるパラダイムそのものが別のパラダイムに取って代わられることになる。そしてパラダイム相互には何ら共通性はなく、パラダイム間を相互に比較することはできないという、通約不可能性のテーゼを主張している。これらの点に関してさらに詳しく見ていくことにしよう。

通常科学と科学革命

クーンはパラダイムとは次の二つの性格を持つものだという。第一に、それが前例のないユニークさを持つものである。第二に、それによって、解決すべきあらゆる問題を提示してくれるものである。この二つの性格を持った業績をパラダイムというが、このパラダイムがあるか否かが、科学であるか否かの試金石になるともいえる。

われわれが科学研究に従事しようとするなら、最初にパラダイムを身につける必要がある。それは大抵、教科書を通して行なわれることになる。これは、フッサールが科学的真理の伝承において文書化の役割を強調したことと通じることである。

あるパラダイムに従って行なわれているような科学を通常科学と呼ぶ。この通常科学における研究は、すべてパラダイムの提示する問題の解決に向けられており、問題解決のための道具立てもパラダイムが提示することになる。このような通常科学の在り方をクーンは、「パズル解き」と呼んでいる。このパズル解きは、パラダイムの応用範囲と精度を増すことに意味がある。このような通常科学では、パズルが解けるたびごとに、その範囲や精度が広がるわけだから、その進展は連続的であると言える。

しかし研究が進むにつれ、そのパラダイムによっては扱いえないような変則事例が見出されることがある。変則事例が現われた当初、それは当のパラダイムによって解かれるべき問題として認識され、その事例を扱いうるように、パラダイムを微調整することも行なわれる。それによって変則事例が、解決されてしまえば、パラダイムの精緻化ということで事は済むが、しかしパラダイムの微調整では解決しえない場合もありうる。そのときに科学革命が生じる。それはあるパラダイムから、新しいパラダイムへの移行として表わすことができる。

新しいパラダイムは、古いパラダイムが解きえなかった変則事例に対応したものであることはもちろんであるが、当然古いパラダイムがすでに解いてしまっている問題にも対応できるものでなければならない。それゆえに新しいパラダイムは、古いパラダイムを包み込む、より大きなパラダイム、すなわち以前のパラダイムの応用範囲が広がったものと見えるかもしれない。しかしクーンは次のように言う。

新しいパラダイムは古いパラダイムから生まれるのだから、新しいパラダイムはふつう、概念的であると操作的であるとを問わず、伝統的パラダイムがこれまで採用してきた語彙や装置の多くを取り入れる。しかし、新しいパラダイムがこれら借用した要素を他ならぬ伝統的な仕方で用いることは稀である。新しいパラダイムの下では、古い用語、概念、実験はお互いに新しい関係を持つことになる。　（T・クーン『科学革命の構造』みすず書房、一九八九年、一六八頁）

これはパラダイム間の通約不可能性を述べている箇所であるが、この通約不可能性は理論的と言うよりは、実際に科学の歴史を振り返ってみればそうなっているということの確認であると思われる。実際クーンは、『科学革命の構造』において多くの科学革命の実例を挙げている。

この通約不可能性という主張は、科学にとって非常に困った問題を提出することになる。ごく一般的に考えても、同じものを扱っているなら、その相違についてどちらがより正しいかを比較することは可能なはずである。しかしクーンの主張は、そのような比較は不可能だということである。つまり革命の前後では、同じ言葉を用いていても、違うことを扱っているのである。そしてそのことは、科学が扱う対象の同一性を破壊することになるだろう。そうすると科学は、自らの客観性のよりどころを失ってしまうことになるのである。

4　科学と連帯

理論と観察

先に、科学であるか否かはパラダイムの有無にかかっていると書いたが、これはわれわれの通常の考え方とは違うのではないだろうか。つまりわれわれは、何かが科学的であると思うのは、主観的なものの見方を離れ、対象そのものを記述し、さらにそれが実証されているものについてではないだろうか。そして理論はそれを最終的に抽象化したものだと考えている。しかしクーンの主張に従うなら、理論が先にあり、それに沿うようにして対象についての記述ができあがるということになる。これに近いものとして科学哲学者のハンソン（Norwood R. Hanson, 1924 - 1967）が主張した「観察の理論負荷性」という考え方がある。われわれは科学的な観察とは、中立的であると考えているが、ハンソンによれば観察とはむしろ、観察者が前もって持っている知識に依存して成立するものであるという。

しかしこのことは観察が勝手気ままに行なわれるということを意味しているわけではない。というのも、観察者が前もって持っている知識とは、結局その観察者が従事している科学のパラダイムなのであり、そのパラダイムは自分一人が採用しているわけではなく、むしろ多くの科学者によって共有されているはずのものだからである。したがってそのパラダイムを受け入れている者であれば、誰による観察であっても、同様の観察結果が導き出されるはずであるし、それゆえに客観的とも言える。そのような意味では、観察の客観性や、ひいては科学の客観性は、あるパラダイムを共有することに基づいているのであって、対象の存在そのものに基づいているのではない。

連帯としての客観性

クーンの主張したこのパラダイム論の衝撃は大きく、さまざまな論争を引き起こしながらも徐々にその支持者を増やしていった。ここでは最後にクーンの影響を強く受けつつ、いまなお活躍しているアメリカのプラグマティスト、リチャード・ローティ（Richard Rorty, 1931-　）の思想を取り上げてみることにしよう。

クーンやハンソンの主張に従って、対象はパラダイムによって形成されると考えるなら、もはや伝統的な科学や哲学がしてきたような対象の同一性を想定する必要はなくなる。ローティがクーンに対して共感を覚えるのは、この点に関してである。

先に見たように、科学による客観的真理の追究は、もっぱら理性によって行なわれると考えられてきた。それゆえに科学は合理性の模範と考えられるのである。しかしローティは合理性に関して二つの意味の区別を行なうことを勧めている。一方の意味で合理的であるとは、あらかじめ成功の基準を持っていることである。他方の意味は、分別があるとか正気であるということである。最初の意味での合理性は、まさに科学にぴったりと当てはまることである。すなわち、科学とはあるパラダイムに基づいて成立するものであるから、前もって成功の基準が定められているのである。しかし後者の意味で合理的という語を用いるなら、科学は言うまでもなく、人文学もまた合理的であると言える。この場合、どちらがより合理的であるかということはそれほど意味を持たないであろう。

しかしローティはそれよりもさらに進んで、客観的真理にまとわりついている客観的なものと主観的なもの、事実と価値といったものの境界をぼかすことを目指している。そして、「強制によらない合意があれば、客観的真理の要件がすべて与えられたことになる」（R・ローティ『連帯と自由の哲学』岩波書店、一九九九年、一〇頁）と述べて、客観性を人々の間の合意に還元しようとしている。

伝統的には、これまで何度も繰り返してきたように、人は対象の真の在り方や、同一性といったものを前提し、それを獲得することによって、人びととの間の連帯が成立すると考えていたが、いまやローティはそれを逆転させ、連帯によって客観的真理が成立するというのである。

しかしこのような考えは、相対主義であるとして批判されることがたびたびある。ローティはそのような批判に対して次のように応える。すなわち、かれが主張していることは、「あらゆる信念はみな等しくよい」といったばかげた主張ではなく、むしろ「真理や合理性については、〈所与の社会――つまりわれわれの社会――のそれぞれの探究領域で、通常どういった正当化の手続きがとられているか〉ということしかいえないとする、自文化中心主義」（同上）の主張であるという。そして自文化中心主義とは、「自分たち自身の光に照らしてことをなす」（同書、一二頁）という立場のことである。このような立場がクーンの立場と大いに重なり合うことは明らかであろう。
クーンを経て、ローティへといたる科学批判の流れは、科学を市民社会の中に位置づける試みとしてみることもできるだろう。もしも科学がわれわれとは全く無関係に存在するものについての考察であるなら、それをわれわれの社会のなかに位置づけることは困難である。しかし科学はわれわれ人間の営みであるし、環境破壊や医療技術の進展からも明らかなように、われわれの生活といまや不可分なものである。したがって、それをわれわれの社会のなかに位置づけ、それを何のために用いるのかという目標を絶えず問い直し、そのことに対してはわれわれ自身が責任を負わなければならないのである。

〔参考文献〕

金森修・中嶋秀人『科学論の現在』（勁草書房、二〇〇二年）
T・クーン、安孫子誠也・佐野正博訳『科学革命における本質的緊張――トーマス・クーン論文集』（みすず書房、一九九八年）
T・クーン／I・ラトカシュ、森博訳『批判と知識の成長』（木鐸社、二〇〇四年）
戸田山和久『科学哲学の冒険　サイエンスの目的・方法を探る』（日本放送出版協会、二〇〇五年）
富田恭彦『哲学の最前線――ハーバードより愛をこめて』（講談社、一九九八年）
中山茂『パラダイム再考』（ミネルヴァ書房、一九九六年）
N・R・ハンソン、野家啓一・渡辺博訳『知覚と発見――科学的探求の論理』（上・下）（紀伊國屋書店、一

九八二年）
E・フッサール、田島節夫訳『幾何学の起源』（青土社、二〇〇三年）
K・ポパー、藤本隆志訳『推測と反駁――科学的知識の発展』（法政大学出版局、一九八〇年）
S・ローズ、小林傳司他訳『科学と限界――その批判的考察』（産業図書、一九九三年）

第Ⅳ部

手仕事の道具と生活の確からしさ

第7章　現代社会と手仕事道具

1　道具の用と美

進歩――あるいは発展、開発――といった概念を掲げて拡大を続けてきた近代文明は、さまざまな産物を生み出してきた。科学技術、資本主義経済システム、工業化社会、情報社会、大量消費社会、といったものである。そして「進歩」は、人間の顔が見えないこれらの巨大な機構のなかにわれわれを組み込みつつ、われわれの生活を、さらなる新しさへと絶えず駆り立ててきた。しかし近代文明は、その光の反面、生活のなかに人間性の疎外も生んできた。例えばそこでは、伝承されてきた生活形式にあり、生活に意味を与えていた、世界とのさまざまなレベルでの伝統的「つながり」が忘却されようとしている。それゆえそのつながりを介して感じることができた生活世界の豊穣さから、われわれ現代人は遮断されている。

本シリーズの「人間論」という観点は、実践的行為主体としての人間の生き方を、世界との関係のうちに位置づけ直そうとするものである。だとすれば、近代という時代を「生活世界」という日常的かつ具体的視点から反省する試みが、ここでなされてよいだろう。本章および次章は、生活における人間的よりどころの回復の可能性について考える一つの治療的試みである。私は、手仕事道具という「プレモダン」を主題に据える。そして現代社会におけるその意義を、「人間論」的スタンスから考察したい。そこにはモダンを越えてポストモダンとさえ言われる 時代にも、あるいはそういう時代にこそ、評価されるべき価値が見出されると思うからである。

道具の用

われわれは「ホモ・ファーベル（工作人、homo faber）」である、というところから始めよう。つまり人間は道具を作り、かつそれを使う動物である。もちろん何かを器用に作る生物は、人間だけではない。昆虫でさえ、もの作りをする。トックリバチは、徳利型の巣を泥で作り、そこで幼虫を育てる。オトシブミは、葉を二つにたたんでクルクル巻き上げた揺籠を作り、なかに産卵する。しかしこれらの器用な道具作りは、あらかじめプログラムされた固定的な行動である。人間が昆虫などと違うのは、人間の道具製作は固定されたものでなく、そこには学習や創造がある、という点だろう。

しかしヒトに限らず、類人猿の道具作成も、遺伝子に書き込まれた固定的振る舞いでない。例えばアフリカのある地域のチンパンジーは、草の茎を適度な長さに折って葉を取り去った簡易な道具を作り、それでシロアリ釣りをする。同じ行動は近隣地域のチンパンジーには見られない。これが意味するのは、シロアリ釣りの道具製作は後天的なもので、社会的に伝達される、ということだ。チンパンジーと人間は、こうした点で類似している。この類似にもかかわらず、創意工夫の豊かさ、作る道具の複雑さや多様性などにおいて、人間が他の高等動物の追随を許さないのは明らかだ。道具製作・使用に力点を置いた「工作人」という捉え方は、やはり人間にこそふさわしい。

人間が道具を製作・使用する最大の理由は、道具なしには人間は長く生存できないからである。裸一貫で自然に投げ込まれたとき、人間は何も持たずにどれだけの期間、生き残れるだろう。衣服なしには、人は寒さを凌《しの》げない。こん棒なしには、襲いかかる獣から身を守ることができない。槍や銛《もり》なしには、鳥や魚を捕獲できない。砕いたり、すり潰したり、煮炊きしたりするための器具なしには食糧の加工ができず、手に入れた栄養源を消化・吸収できない。このような頼りない人間が生き延び、結果として今日のような「繁栄」を築くにいたったのは、道具があったからこそである。道具はわれわれと世界を取り結ぶ接点であり、われわれの命綱である。

道具とは何か。手元の辞書には、こう定義がある――「①物や仕事を速く（うまく）作り上げるために使う（こまごまとした）器具の総称。②他の目的のために利用するもの。」①は道具を具象的な「モノ」に限定した説明で、②は「戦争を政治の道具にする」や「言葉はコミュニケーションの道具だ」といった用例に見られる、「モノ」以外にも拡張された広義の説明である。本章では①の、有形の「モノ」としての道具について考えていくことになるが、モノかどうかにかかわらず、「道具は、本質上、〝何々するための手段である或るもの〟」（ハイデガー『存在と時間Ⅰ』〈中公クラシックス〉中央公論新社、二〇〇三年、一七七頁）である。それは、目的にいたるための手段という用途を備えたものなのである。

それゆえ、ある道具が持つ道具としての価値は、道具というモノそれ自体にあるのでなく、それが果たす機能に求められる。例えばナイフはものを切る道具であるがゆえ、道具としてのそれの価値は、ものを切ることができる点にある。そしてそれがよく切れるほど――その目的を果たすほど――、ナイフという道具の道具としての価値は高まる。道具に備わり、目的との関係で定まる、手段としてのこのような価値は、「道具的価値」と呼ばれる。

道具の美

道具には、一方には、携帯電話、パソコン、ＣＤプレイヤー、テレビ、エアコン、電子レンジ、冷蔵庫、自動車、などといった工業製品として大量生産されるものの一群がある。そして他方には、手間ひまを要する人間の手技によって一つずつ作り出される手仕事道具というものがある。社会が高度に産業化した現代、道具は機械が作り、その機械も機械が作る、というのが一般的だ。しかし機械生産が行き渡る以前は、道具はもちろん手によって作られるものだった。そして道具を作るための道具もまた、手によって作られるものだった。

後者の手仕事道具だが、日本には、紙を手で漉《す》いたり、鉄を打ち鍛えたり、竹を編んだり、機織《はたお》りをしたり、轆轤《ろくろ》で粘土を形成したり、など、手による仕事がまだ多く残されている。そういった手仕事で作られた生活道具は、ときに「生活工芸品」とも呼ばれるものであり、以下、本章では、それら手仕事日用品を主題として扱い、その現代的意義を考えたい。これらの道具については、例えば老舗百貨店が文化事業の一環として、製作実演も交えて開催している伝統工芸展があり、いつも一定の人気を博している。またそういった生活道具のなかには、「道具」でありながら、国内外の美術館や美術ギャラリーのクラフト展で展示対象となるものもある。道具にあるのは道具的価値とはいえ、人びとは道具的価値を期待して、それらの会場に足を運ぶのではない。そのような場では、手仕事の生活道具は道具性を前提しつつ、さらなる別の価値・魅力を備えたものとして、われわれの前に展示されるのである。

その、さらなる価値とは何だろう。手仕事の実用品に道具的価値を超える価値を見出す人びとの代表的先駆者は、大正から昭和の民芸運動を率いた柳宗悦（一八八九－一九六一年）である。かれは無名の工人たちが作る生活道具には「美しさ」があるとした。柳は言う——「美が厚くこの世に交わるもの、それが工藝の美ではないか。味気なき日々の生活も、その美しさに彩られるのである。現実のこの世が、離れじとする工藝の住家である。」工芸美は、「われわれの間に伍して、悩むときも荒むときも、生活を分とうとして交わるのである」（柳宗悦『民藝四十年』〈岩波文庫〉岩波書店、一九八四年、一〇一頁）、と。かれが発見した「用の美」として知られる美は、生活上の用のための雑多な器物に見出される美である。それは芸術作品にあるような美、額に入れて仰ぎ見るような美、装飾的な過剰な美、一人の天才による希有の美、などでなく、われわれが触れることができる美、親しみのある美、生活に溶け込む美、用を追究し無駄を省いた簡素な美、である。

手仕事道具には、美しいものがたしかに多く見つかる。例えば私の手元に、欅《けやき》を轆轤《ろくろ》で挽いて作った茶盆がある。回転する木を轆轤《ろくろ》鉋《かんな》で刳《えぐ》り貫き、丁寧に磨いた、何も塗らない素木の盆である。富山県井波の木地師、田中正夫さんの作品だ。直径一尺一寸、深さ一寸強の丸盆は、側面が微妙な丸みを帯びてスッと立ち上がる単純明快な形で、そのシルエットに装飾的なところは皆無である。このシンプルな盆を上から見ると、底面の上から左下へ向かって、波打ちながら末広がりに流れる導管の模様がある。中央から少しずれたところにある小さな楕円形の模様は、川に浮かぶ中洲のようである。導管の描く模様とは別に、水平方向には、濃い褐色とそれより薄い黄金色の、絹状の光沢の帯が交互にたなびいている。そして盆を傾けると虎眼石のように、褐色の帯と黄金色の帯が入れ替わる。その輝きには思わず見入ってしまう。

また例えばここに、合鹿椀と呼ばれる塗椀がある。合鹿椀とは、能登半島の柳田合鹿にて近世に作られていた漆椀《ぬりわん》のレプリカで、大ぶりで、高台が非常に高い。手元にあるのは、輪島の奥田達郎さんのもとで完成間際まで仕上げられた後、かれの死によって未完のまま蔵にしまわれていたものだ。それを弟の志郎さんが二十数年の歳月を経て、仕上げた。何の変哲もない、深い朱の大椀である。しかしこれもよく見ると、見飽きぬ表情を持っている。朱の塗面はのっぺらぼうでなく、刷毛《はけ》が通ったあとが微かに見て取れる。口縁などの面同士の境目部分は、重い朱の顔料が逃げるせいで、下に塗ってある黒漆がうっすら透けて見え、これが全体を引き締めるアクセントとなっている。この黒の輪郭は、どことなくビュッフェの版画を思い起こさせる。上質の漆の光沢は美しい。未使用時には、銀白の真珠光沢を放ち、使い込むとしっとり濡れたような透明感が出てきて、今度は塗面の内部から光ってくる。

問　題

本章では、現代の日常生活における手仕事道具の意義を考えていく。道具である以上、手仕事の生活道具にまず要求されるのは、用途に応じた道具的価値を備えていることである。道具的価値に加え、手仕事道具の多くには、いま見たような美的価値もある。しかし、手仕事の生活道具が置かれている状況は、実は厳しい。

以下ではまず、手仕事道具の現状を確認したい。そのうえで、現代社会におけるわれわれとモノの関わりが、現在どのような様相を見せているのかを、その問題点と共に見たい。

結論を先に述べるなら、手仕事の生活道具の価値を「用」と「美」だけで括《くく》るだけでは、手仕事品に対する十分な理解は得られない（柳も「用の美」ということで、もっぱら感性的「美」だけに魅せられたのではない）。では手仕事品の魅力として、さらに何が語られるべきなのか。これについては次章で、引き続き考察することになる。

2　手仕事道具の衰退

手仕事道具の現状

手仕事の生活道具について考えるに当たり、昭和四十九年制定の「伝統的工芸品産業の振興に関する法律（伝産法）」を手掛かりにしてみる。伝産法では、次のような条件を満たすものとして、「伝統的工芸品」が規定されている。①主として日常の用に供されるもの。②製造過程の主要部分が手工業的であるもの。③伝統的な技術・技法により製造されるもの。④伝統的に使用されてきた原材料を主に用いて製造されるもの。⑤一定の地域において産地形成があるもの。この法律に従い、現在二百以上もの品目が「伝統的工芸品」——およびそれに準ずる「伝統的工芸材料」——として、指定を受けている。

伝産法が定める「伝統的工芸品」は、われわれ日本人の生活に古くから溶け込んできた手仕事の生活道具全般をカバーするわけではない。例えばある産地で修業を積んだ人が、産地を離れて生活工芸品作家として活躍した場合、かれが作るものは伝産法が言う「伝統的工芸品」ではない。また畳や建具など日本人の誰もがなじみの生活道具でも、一定地域に産地を持たないものは、「伝統的工芸品」にはならない。こういった制約はあるものの、伝産法を通じて、手仕事品全般が置かれた状況を垣間見ることができよう。

すでに述べたように、手仕事道具には逆風が吹いている。伝産法は、公害などの高度経済成長の弊害を社会が広く認知するようになった頃、工業社会への反省も込め、衰え始めた伝統的工芸品産業の保護・振興のために制定された。しかしこの法律に基づく支援を受けつつも、伝統的工芸品産業は全体として苦戦している。伝産法制定後の統計によれば、施行初年の昭和四十九年の伝統的工芸品の生産額は三千八百四十四億円、ピークの昭和五十八年は五千四百六億円だったのが、平成十四年はピーク時の半分の二千七百四十億円にまで落ち込んでいる。同産業従事者数は、昭和四十九年は二十八万人、ピークの昭和五十四年は二十九万人だったのが、平成十四年は半分以下の十二万人である。従事者のうち三十歳未満が占める割合は、昭和四十九年は二九パーセントだったのが、平成十四年はわずか八パーセントで、（従事者の絶対数減少に追い打ちをかける）深刻な後継者不足がうかがわれる。伝産法指定の生活道具だけでなく、他の手仕事品も多かれ少なかれ同じ状況にあろうことは、想像に難くない。

大量生産

バブル経済崩壊後の不況の影響などさまざまな要因が考えられるが、手仕事品の苦境の根本的原因は、近代化による産業構造や生活の変化という大きな流れのなかに求められる。明治政府は近代日本の黎明期、西洋を手本に据え、積極的にその思想、知識、制度、技術を摂取することに着手した。特に日本を近代工業化すること――殖産興業――は、以後の長きにわたり、政府の一貫した方針だった。第二次世界大戦により国の産業はいったん大打撃を被ったものの、敗戦後間もなく、驚異的と言われた経済成長を遂げた日本の社会は高度に産業化され、日本は先進国の仲間入りを果たした。このような歴史の流れで確立したのは、大量生産・大量消費の経済体制である。

二十世紀の科学技術はプラスチックという――どんな形も自由に形成できる――夢の人工素材を生み出したが、人間はこれをはじめとする各種素材を、合理的な大規模工場における自動化された生産工程によって加工し、規格化された生活用品を大量に生産するようになった。それらの製品は道具としての機能を立派に満たすだけでなく、張り巡らされた販売網を持ち、いつでもどこでも手軽に低価格で入手できるうえに、これといった世話を要せず、消耗すれば使い捨てて新品と交換すればよいものだ。

他方、手仕事品は、一つずつ丹念に手で作られるものゆえ、手間賃だけを考えても安価にはならない。また濡らしたまま放置してはいけない、電子レンジ・食器洗浄器はいけない、など素材の性質を理解した扱い・手入れも要請する。ただし手仕事品は初期費用こそ割高かもしれないが、手入れをしながら――また必要に応じて繕いながら――使い込むものなので、長い目で見れば経済的である。しかし消費者の多くはこれまでのところ、目先の利便性、経済性を優先してきた。そのため手仕事品は、大量生産される使い捨ての規格品にシェアを奪われることになった。少なからぬ家庭で、木製の椀はプラスチックのウレタン塗装品になり、鋼の包丁はステンレスになり、まな板は檜《ひのき》や銀杏《いちょう》や朴《ほお》からプラスチックになった。

消費社会

われわれは「本来」、社会のなかで生きるために働き、生きるために必要なものを購入する。しかし産業社会が高度化し、さまざまなモノが効率的に大量生産されるようになり、人びとの暮らし向きも豊かになると、必要品の需要は一通り満たされ飽和状態に達する。だがモノを大量に生産する社会は、モノを大量に売り続けねば立ち行かなくなる社会だ。大量生産社会が存続するには、いまや必要以外の消費がされねばならない。そこに生まれるのが、大衆消費社会である。

消費社会における消費は「もはやモノの機能的な使用や所有ではない」（ボードリヤール『消費社会の神話』紀伊国屋書店、一九九五年、一二二頁）。あるいは消費社会では人は、モノが持つ実用的機能のためだけにモノを買うのではない。それは特徴的に、「用」や「必要性」とは関係が薄い、娯楽性を帯びた消費である。本来実用的な道具でさえ、その道具的価値だけによって購入されるのではない。例えば衣服などは、身体を包む機能は同じでデザインだけ違うものが毎年、次々と売り出される。そして人は、手持ちの服がその道具的価値を十二分に保っているにもかかわらず、新作を新たに購入する。ここではその機能が、購買動機なのではない。

巷に溢れる商品はそれぞれ、高級イメージ、都会的イメージ、カジュアルなイメージ、自然派のイメージ、ヘルシーなイメージ、癒しのイメージ、などを背負っている。またあるエリアの住宅は社会的成功のシンボルであったり、あるレストランでの食事は幸福感のシンボルであったりする。広告産業はこういったイメージを増殖させ、またそれらを最新流行のものへと絶えず更新する。消費社会では人は、流行の変化に敏感に反応しつつ、モノを購入する。流行りのモノ、自分のイメージのモノを選んで買うことで、自分をアピールしたり、あるいは買うという行為それ自体を楽しんだりするのである。

生き残るにはひたすらモノを売らねばならない消費社会において企業は、

量的拡大を至上命令とする傾向、過剰なほどに新製品を作る傾向、価格を抑えるためにあらゆる財やサービスについて画一化や大量生産化を推し進め、効率的に供給しようとする傾向、利益の機会を求めてあらゆる生活上の欲求を「商品化」しようとする傾向……。

（間々田孝夫『消費社会論』有斐閣、二〇〇〇年、一三〇頁）

を持つ。このような傾向は、価格を無理に抑えるよりは価格に見合った質の維持・保証を最優先し、流行や新製品をむしろ拒絶し、長い年月のなかで淘汰されてきた、生活の用のために本当に必要な定番品を、少量ずつ入念に作る手の仕事とは、正反対である。この意味で手仕事道具は、消費社会のなかでは場違いな存在と言えるのかもしれない。

しかし消費社会特有の問題がある。それらは、先進国の大量消費を支える途上国の搾取の問題だったり、大量生産が引き起こす資源枯渇の問題だったり、大量廃棄が引き起こす環境汚染の問題だったりするが、個々人が生活レベルで体感する問題もある。つまりそれは、物質的に豊かな生活に感じられる倦怠感、空しさ、疲労感といった現象——要するに、生きている実感のなさ——である。消費文化は、生活の必要のための目的とは関係が薄い消費を、われわれに促す（かつての「消費は美徳だ」というスローガン）。そこでは消費自体が、娯楽的様相を帯びつつ、自己目的化している。消費という自己目的を達した向こうにさらなる目的はなく、あとに残るのは束の間の満足感だけである。そしてこの満足感が消えたあとの空洞を埋めるため、人はさらなる消費へ向かうことになる。消費にはエネルギーも時間も必要である。それゆえ行き先も定まらず消費を繰り返すことで、人はモノを消費すると同時に、モノによって消費されているようにも見える。不要な消費を促される社会では、毎日の生活に錨を下ろし、息をつくことが難しい。流行に気を散らされることなく、落ち着いて暮らすことが難しい。消費社会の消費は、生活のための必要というわれわれの存在の本来の根本的関心から遠いところに、われわれの目を向けさせる。消費社会に、生きている実感のなさという雰囲気が漂っているなら、それはこのように、消費社会が生活の根源から離れているからではないか。

〔参考文献〕
アレント、志水速雄訳『人間の条件』〈ちくま学芸文庫〉（筑摩書房、一九九四）
出川直樹『人間復興の工芸』〈平凡社ライブラリー〉（平凡社、一九九七年）

小原二郎『木の文化』〈ＳＤ選書〉（鹿島出版会、一九七二年）
沢口悟一『日本漆工の研究』（美術出版社、一九六六年）
西岡常一『木のいのち木の心（天）』（草思社、一九九三年）
日本工芸会近畿支部編『工芸の博物誌』（淡交社、二〇〇一年）
前田泰次『現代の工芸』〈岩波文庫〉（岩波書店、一九七五年）
山崎正和、加藤秀俊訳『柔らかい個人主義の誕生』（中央公論社、一九八四年）
リースマン、加藤秀俊訳『何のための豊かさ』（みすず書房、一九六八年）

第8章　手仕事道具から開ける世界へのつながり

1　道具が開示するつながりの豊かさ

必要に根差したさらなるつながり

用とは関係が薄い次元で消費される消費社会的なモノから、それが持つ用ゆえに必要とされるもの――つまり道具――へと、話を戻そう。道具というものは、ある目的へ達する「ために」用いられる手段である。

・包丁は、食材を切るための道具。

・まな板は、包丁で切ることを補助するための道具。
・砥石《といし》は、包丁をよく切れるようにするための道具。
・鍋や箆《へら》は、包丁で切った食材を調理するための道具。
・皿や椀は、調理したものを盛る道具。
・箸や匙は、皿や椀に盛られたものを口に運ぶための道具。
・卓は、皿や椀を置くための道具。
・部屋や家屋は、卓や椅子などの家具を置くための道具。

道具は手段として本質的にその目的の方に向かっており、その目的につながっている。だが上の諸例からも分かるように、手段－目的の連関は、一つの道具において自己完結するのでなく、一つの道具から別の道具へとさらにつながる。この連鎖はどこに行き着くのだろうか。われわれは、結局はどういう目的のために、これらの道具を手段として使うのか。突き詰めればそれは、生きるため、だろう。道具が作り出す「～のため」の連鎖の終着にあり、連鎖全体を支える目的は、われわれが世に住まうこと、生活すること、暮らすこと、である。手段である道具はこのように、われわれをその目的につなげる。生活道具はわれわれを、われわれの生につなげる。

もちろんこれに関しては、手仕事の生活道具も、大量生産の生活道具も、変わりない。つまり目的へいたるための機能だけが必要なら、手仕事品、大量生産品、どちらを選んでもかまわない。だが

――より高価な――手仕事品をあえて選ぶとすれば、それは何ゆえになのか。

暮らしの道具は本質的にその目的――究極的にはわれわれが生きること――とつながっているものの、道具が持つつながりは目的に限定されるわけではない。それは付加的、付随的、剰余的に、ほかのつながりも同時に持つ。大量生産の生活道具と比べた手仕事日用品の特徴――そしてそれを選ぶことを支持する理由――は、それが持つつながりの豊かさにあると思われる。このことを以下で見ていきたい。手仕事の生活道具は、暮らしのための必要というものによってわれわれを世につなげるだけでない。それらは、さらに別のつながりによって――世のある側面を開示しつつ――より強力にわれわれを世につないでくれる。

自然とのつながり

伝統的な手仕事道具は、天然素材からできている。例えばしっかり作られた塗椀は、木の素地を用い、麻布を縁や見込みに漆で貼り、植物性プランクトンの堆積物（珪藻土《けいそうど》）と漆を混ぜた下地を重ね、最後は上質の漆を塗って仕上げる。

塗物の材料の漆とは、漆の木の樹液である。この樹液は、湿気があるところで固まる性質を持っている。漆の木は表皮が傷ついたとき樹液を分泌し、それを凝固させて傷口を覆うのである。その液体を人間は塗料や接着剤として用いてきたのだが、漆の木からまとまった樹液を採取するには、樹齢十年以上になるまで待たねばならない。そこまで待ってようやく、つけた傷からにじみ出る樹液を根気よくすくい取る作業が始まる。傷一箇所から出る漆液は、一回にわずか〇・五―一・〇ミリリットル。傷が癒えるまで五日ほど待ち、また新たな傷をつける、という作業が晩秋まで繰り返される。そして傷だらけになった木は、その年の終わりには切り倒されてしまう（翌年、切り株から新しい芽が出て、十年後には、再び樹液が採取できる大きさにまで再生する）。一本の木が伐採されるまでにこうやって採れる漆は、平均一八〇ミリリットル、コップ一杯程度である。そして――下地等に要する分も含め――この量で作れる本格的な椀は、せいぜい五個ほどである。漆一滴は血の一滴として、漆は古来より大切にされてきた。樹液を搾り出して、木は倒される。漆液はまさに、漆の木の命の象徴である。その貴重な樹液を使った椀は、樹液を提供してくれる漆の木、その木を育む森、へとわれわれをつなぐ。

木製の漆椀をテーブルに置くとき、またそれを指の関節でノックしてみるとき、柔らかく親しげな音が返ってくる。木の音である。寒い朝でも、それには温もりがある。木でできているからだ。そしてそこに熱い汁を入れても、焼物やプラスチックとは違い、手が熱くならない。これも、それが木でできているからだ。椀の素地である木地は、木地師《きじし》が欅《けやき》や栃《とち》などの木を轆轤《ろくろ》で挽いて作る。漆下地の上に漆の仕上げ塗りがしてある状態では、素地が木であることは目に見えない。それでも音を聞くことで、また触れることで、それが木であることが分かる。椀は耳や手を通し、われわれを木に、そしてそれを育む森や山へ、向かわせる。

だが木地師は、何も塗らないことにこだわって木地を挽くこともある。富山県庄川地方は、漆塗り用の木地を作ってきたが、同時に何も塗らない白木地製品も完成品として生産している。木の香りと木の手触りと木目模様を残す素木のまま、盆などとして使うのである。

木は表皮近くで細胞分裂を繰り返し、外へ外へと成長するが、季節によって成長速度が違う。このため日本のような四季の区別が明瞭な国では、木の成長速度の違いが色の違いとなって、年輪ができる。年輪に対し縦方向に木材を切ると、その断面に、年輪などの配列が描く縞模様が現われる。これが木目だが、欅などの（太い導管が年輪の境目に並ぶ）環孔材は、特に明瞭な木目を持つ。

年輪や木目は、木々がどんな環境で育ってきたのかを克明に表わす成長の記録である。気温、降雨量、日照、栄養など、木目を左右する成育条件が全く同じになることはないため、同じ木目も二つと存在しない。木目は端正な縞模様であったり、逆に非常に不規則な模様であったりする。ことに老木には、複雑で幻想的な模様——杢《もく》——が現われる。うねるような木目、細かいさざ波のような木目、水玉がポツポツ一面に広がる木目、など多様である。それらは何百トンという年を重ねた自分の重さで曲がり、広げた枝葉が受ける風雨のせいで捩《ねじ》れながらも、倒れず生き抜いてきたその生活の記録を、木々が自分の内部に描き出したものである。複雑な木目と木の色調を見、手触りや重みや香りを確認しつつ、その木が通り抜けてきた数百年の時間を思うと、畏敬の念にさえ駆られる。それには、無限に広がる時空間の「今・此処」という一点に、かけがえないものとして存在するものが放つ——ベンヤミン（Walter Benjamin, 1892‐1940）の言うところの——霊的アウラがある（ベンヤミン「複製技術の時代における芸術作品」『ボードレール　他五篇』〈岩波文庫〉岩波書店、一九九四年）。素木の盆はこのようにして、われわれを森の木々へつなげる。

手仕事の生活道具は、木や樹液をはじめ、竹、草、繭、土、石、などの身近な自然素材から作られる。それゆえそれらは、これまで見てきたように、われわれを取り巻く自然へと、われわれをつなぐ。しかし手仕事の生活道具は、自然とわれわれをつなぐ媒体というより――あるいは媒体であると同時に――実はそれ自体が自然そのものである。例えばそれは、硬化した樹液そのものであり、何百年と生きた樹木そのものである。それらは、それらがわれわれに示す自然の一部であり、自然のサンプルとしてわれわれの生活にあることで、われわれを自然につなぐのである。

人間とのつながり

道具を作るにも、道具が必要である。伝統的手仕事道具については、直接暮らしに使われる道具も、それらを作る道具も、両方人が作るものである。それゆえ道具は、それらを作る人びとにもわれわれをつなげる。

例えば、塗椀の木地を挽《ひ》くのは木地師である。その背後には、数十年あるいは百年以上の単位で木を育て、山を管理する林業家がいる。漆塗りについては、その工程に応じて、下地職人、上塗職人などの専門職人がいる。その漆を、夜明け前から山を駆け巡って採取するのは、漆掻き職人である。漆を掻くには特殊な鎌が必要で、これを作る鍛冶職人がいる。漆を塗る際には精製した漆を漉《こ》すが、漉《こ》し紙を作る和紙職人がいる。漆を塗るには特殊な刷毛《はけ》が必要で、これを作る刷毛師がいる。このように、一つの手仕事道具に多くの人が関わっていることは稀ではない。

職人というのは、身体面でも精神面でも長い修練を経てようやくできあがる——それゆえ他者によっては代替困難な、一個のかけがえのない——人間である。職人は何より手技の人であり、身体の訓練が必要である。身体で覚えることは多くある。採取場所や採取時期などによってそのつど違う自然素材の扱い方、道具を使うときの姿勢や角度や力加減、道具の調整・手入れ、作業手順、仕上げの加減、などである。こういったことの少なからぬ部分は、言葉では説明が難しい、非言語的で身体的な「暗黙知」に属する能力である（ポラニー『暗黙知の次元』紀伊國屋書店、一九八〇年）。身体の訓練という点ではそれは、楽器奏者や運動選手の訓練と似ている。手仕事の弟子たちは、親方を見て技を「盗んだ」。親方がすることをまねして不成功に終わり、不成功の原因を考えつつ、試行錯誤を繰り返し、ようやく技を見出し、それを反復して自分の身体に染み込ませるのである。このようなことができる者だけが職人になれるのであり、職に必要な一通りの技能を身につけ一人前になるまで、十年かかることも珍しくない。

長い修業期間を通して身につけるのは身体的技だけでない。職人は同時に、よいものを作る心構え、いわゆる「職人気質」を身につける。これは、自分の技への自信と技を高める克己心を持ち、頑固で無愛想かもしれぬが実直だという、職人に特徴的だとされる気質のことだ。このような実直な気質は、ロングフェロー（Henry W. Longfellow, 1807 - 1882）の詩にも感じられる——

In the elder days of art,
Builders wrought with greatest care
Each minute and unseen part,
For the gods are everywhere.
（昔日の技芸にあって、／工匠たちは目に見えぬ微細な部分のすみずみまで／細心の注意をはらって仕上げた、／なにしろ神々はあらゆるところに住んでいるのだ）（ヴィトゲンシュタイン『反哲学的断章』青土社、一九九五年、九四頁より、訳文引用）

洋の東西を問わず、人の目に見えぬ箇所でも正直なよい仕事をする、というのが職人のエートスである。職人はこのような基準で測られる。塗物の場合、目に見えるのは最後の上塗りだけだ。しかし正直な塗物は、その下に幾層にも丁寧な下地が隠されている。そのおかげでそれは丈夫であり、何十年使い込んだあと、塗り直しもできる。また釘を使わず箱や机を作る指物《さしもの》細工は、装飾のない禁欲的な姿をしているが、見えない部分に複雑で緻密な組み手の仕事が隠されているため、何十年と使うことができる。

先の耐久性には必要だが、その効用が当面見えない工程を、なぜ省略せずにいられるのか。仕事の手堅さが発揮されるのは、自分の死後かもしれないのに、作り手はなぜ目先の楽に流されないのか。それは、それが職人の職業倫理だから、ということと共に、かれが自分の職に愛情を持っているからだろう。長い修業に耐え、自分の技術に自信が湧いたとき、職人は自分の仕事が好きになるという。手を抜くことは客を欺くことであるだけでなく、自分の仕事への愛情への背信でもあるため、苦労は絶えないのに、手抜きはできないのである。職人とは、このような「よきものを作り、送り出すために自己規制する心」（塩野米松『失われた手仕事の思想』草思社、二〇〇一年、二四七頁）を持ち、自分の仕事に愛情を持つ人のことだと、私は理解する。

工場で大量生産された規格品に、人の気配を感じるのは難しい。その製品の生産ラインを動かすスイッチを押した「人格」に思いを馳せることは、まずない。だが丁寧な手仕事に触れるとき、そこには作り手の存在が感じられる。一つの椀が完成するまで、その上を作り手の手が何度も往来したのである。作り手とは、注文を出すときや品を受け取るとき、実際コミュニケーションをすることもあれば、顔を合わせることもない場合もある。しかし実際のやりとりの有無とは無関係に、手仕事の背後には、長い年月をかけて作られ、さらに技を磨く、喜怒哀楽もある生きた人間の気配――「人格のアウラ」――を感じる。手仕事品を通してわれわれは、その製作に携わった人びととつながる。

地域とのつながり

現代はグローバリゼーションの時代である。インターネットの発達によって情報は瞬時に世界を駆け巡り、輸送手段の発達によって人も物も世界各地を移動する。物理的、政治的、文化的制約のために存在していた垣根が低くなり、いまやあらゆる物事が地球規模で結合するようになった。このような状況の下、土地ごとにあった固有性が均《なら》され、地球全体が均質化していくことは避けがたい。世界の各都市で目にするのは、どことなく同じような生活風景である。どの都市でも人びとの身なりや持ち物は代わり映えせず、街角には多国籍企業の広告や店舗が目につき、世界共通のファストフードや商品が提供されている。グローバリゼーションは時代の流れであり、（途上国の不利益などの問題を孕《はら》みつつも）われわれは少なからずその恩恵を受けて快適に暮らしている。と同時にわれわれには、世界の各地がそれぞれの固有性を薄め行くことを残念に思う気持ちがある。特に自分がいる場所がその地域的ディテールを失い、厚みをなくすことは、自分のよりどころが失われるような喪失感を人に感じさせる。

そのようなグローバリゼーションの時代にあって、手仕事は依然として、われわれを特定の場所につなげることができる。手仕事道具は基本的に土着的であり特定地域とつながり、そこに根差して作られるからだ。地域とつながっているのは、材料がそこで採取、採掘、育成されるだとか、ものを作る技術がその地域の共同体に経験として蓄積されているだとか、あるいは作られるものがその地域の気候・風土が要求する生活習慣と関係深いものであるだとか、さまざまな理由による。

地域ということでいまは国を考えるなら、日本には、非常に多くの木の道具が日常生活に溶け込んできた。例えば日本人は住居も木で造ってきた。また部屋を仕切る建具も木でできているし、襖や障子に貼るのは、楮《こうぞ》などの低木の皮から作る和紙である。かつては風呂桶や履物も木から作られた。（減ったとは言え）現在でもまだ多くの人が、木製の箸や汁椀を使っているだろう。日本は、国土の七割を針葉樹・広葉樹の森林が占め、森林率はフィンランド、スウェーデンに次ぐ世界三位である（ちなみに英国の森林率は一割ほど、米国は三割ほど）。日本の国土は温帯気候の位置にあるが、南北に長いため、北は亜寒帯、南は亜熱帯にかかる。また平野もあれば、高山地帯もある。そのため植生が豊富で、狭い国土に、約一千種もの樹種が見つかるという。日本はまさに木の国であり、われわれの祖先は昔から木に親しみ、木を祭り、木を大切に使ってきた。欅、樫、桑、楠、桜、黄楊《つげ》、栃、桐、タモ、栗、栓、朴、桂、檜、杉、松、などさまざまな木を用いた現在に伝わる日用品は、そのような日本の風土、またそこにおける伝統的暮らしに、われわれをつなげる。

また木材としてでなく、その樹液を用いる漆の木についてだが、これは日本、中国、韓国、台湾など、東洋に育つ木である。縄文時代の遺跡からも漆を塗った木器や土器が見つかっており、漆は古くから日本人の生活のなかにあった。家の柱に塗って腐食を防いだり、食器に塗って長持ちさせたり、といった使用以外に、焼き付けという特殊な方法で武具に塗ることもあった。また精巧な美術工芸品も作られた。十七・十八世紀には日本の漆工品がヨーロッパで人気を博し、――中国陶磁器がヨーロッパで有名になり、陶磁器は「china」と呼ばれるようになったのと同様――漆器は「japan」と呼ばれた（「china」と異なり「japan」は死語となったが、最近は「urushi」が新たに普及しつつある）。現在、日本国内で採取される漆液はわずかで、国内需要のほとんどを中国からの輸入に頼っているが、岩手県浄法寺町をはじめとする東北地域、茨城県大子町、新潟県朝日村、京都府福知山市夜久野町などが国産漆の産地として知られ、そこで日本の文化遺産を守っている人びとがいる。国産漆を使った塗物は、こういったローカルな諸側面にわれわれをつなげてくれる。

2　道具自体とのつながり

道具とのつきあい

手仕事の生活道具は、生活という堅固な目的にわれわれをつなげつつ、さらにわれわれを自然や人びとや地域につなげることを見た。同じ生活道具でも、大量生産される規格品には、同種のつながりの豊かさはない。しかし最後にもう一点、手仕事道具にあるが大量生産品にない諸性質についてつけ加えておきたい。手仕事品が示す、これまで見てきたつながりは、道具の外部へのつながりだった。次に確認したいのは、手仕事道具が促す、道具それ自体とわれわれのつながりである。

生活道具は、われわれの最もプライベートな空間にある。普段づかいの生活道具ほど、われわれと直に触れ合うものはない。その意味ではそれは、家族以上にわれわれの近くにある。われわれは道具の姿・形を目にし、色の陰影を知覚し、皮膚を通して肌理・硬さ・重さを感じ、口や舌をつけ、当たりの音を聞き、その匂いをかぐ。このような密な身体接触がある以上、そこにはモノとの対話や関係の可能性がある。そして手仕事の生活道具ほど、われわれと深い関係を結べるモノはないと思われる。以下に挙げるのは、なぜ手仕事道具とわれわれが深いつながりを築けるのか、という問いに対して考えられる理由である。

①手仕事道具は五感に心地よい。

プラスチックに代表される、機械形成された日用品が五感に与える刺激は、単調で、素っ気無く、退屈である。それに対し、粉引の湯呑の白色に、雨漏りのような斑紋が浮かんでくるのは、目に楽しい。柄が朴《ほお》の木でできている和包丁は、握り心地がよい。漆塗りの木のスプーンはふわりと軽く、口当たりが柔らかい。などなど。また先に描写したように、手仕事道具はしばしば美しくさえあり、美的感性にも心地よさを与える。接するのが心地よい道具は、われわれの五感を覚醒し、覚醒され敏感になったその五感を通し、われわれを道具そのものへ惹きつける。

②われわれは長く手仕事道具の世話をする。

丁寧に作られた手仕事品は、使い捨ての消耗品ではない。それは長く使い込むべきものであり、そうすることが可能な耐久性を持っている。ただし、素材の性質を理解した世話が必要である。椀は使用後、湯で手洗いし、綿布で拭き上げる。鋼の包丁は錆びないように汚れと水気を除去して片づけ、定期的に研ぐ。竹笊《ざる》は水洗いした後、黴《か》びぬように陰干しして乾かす。などなど。われわれが自分の身体を動かし、道具たちに働きかけることは楽しくもある。これらの道具は、こうやって使い込み、傷みが出れば補修に出し（あるいは自分で繕い）、直せなくなるまでさらに使い込む。このような世話は愛着を生み、われわれを道具そのものにつなげる。

③手仕事道具は長くわれわれの世話をする。

手仕事の生活道具は、われわれの世話を必要とするとともに、われわれの身の回りの世話をするものでもある。使い捨てでないことは、それらが長くわれわれと生活を共にし、いまも数十年後も、働いてくれるだろうことを意味する。道具は磨り減り、使い傷を負いながら、われわれの暮らしを助けてくれる。摩耗や傷は、われわれが生きて生活した痕跡であり、道具がわれわれの生活を受け止めてくれた証拠である。だが自然素材でできている手仕事品は、使い込むことでみすぼらしくなるのでなく、逆に光沢を帯びたり、色に落ち着きが出る。また傷がついても汚らしくならず、むしろ風格や味わいが出る。つまりそれらは、五感への魅力を減らすことなく、われわれの世話をする。このような心地よさを保った奉仕は愛着を生み、われわれを道具そのものへつなげる。

確かな生活

用途を持つ道具と人間のさまざまな関わりの考察を通して、手仕事の生活道具の意義について考えてきた。本章が言わんとすることは、伊藤徹『柳宗悦　手としての人間』からの、手仕事品についての次の一節に通じる。

器物と親しみ、その空間に受け入れられたとき、われわれは、ただ単に有用な道具を我がものと

して利用するのでなく、それを通じて土や植物の肌触りや匂いに包まれ、己の存在をあるたしかさへと委ね渡す

（伊藤徹『柳宗悦　手としての人間』平凡社、二〇〇三年、一三三頁）。

生活道具は、われわれの生活の用のための有用性を持つものである。それらはその道具的価値によってわれわれを、われわれの生活にしかとつなげる。道具は、われわれが世に停泊するために下ろす錨だ。しかし手仕事の生活道具には、単なる実用的な道具的価値があるだけでない。手仕事道具とわれわれは、親密な関係を築くことができる。手仕事道具は、五感を通してわれわれを魅了する。われわれは毎日それらとつきあい、それらを世話すると同時にそれらの世話になる。食事の世話をしてくれた椀を、今度はわれわれが丁寧に洗っては拭き上げる。食材をサクサク切ってくれる包丁を、今度はわれわれが手をかけて丁寧に研ぐ。こういった相互的行為は、いわばわれわれと道具の対話的関係である。そしてこの関係を通して道具は、われわれを今度は、その素材である自然や、それを作った人びとや、それらを育んだ地域へとつなげてくれる。このつながりによって道具は、われわれの世界をいっそう具体的で、表情豊かなものにするのである。手仕事道具に、心地よさを超えた美というものさえあるなら、その美はこれらの豊かなつながりによって、いっそうの魅力を湛える。また手仕事道具が備える耐久性は、道具も世界の一部だという意味で——つまりそれが世界の一部として、何十年前と同様今日も明日もわれわれの傍らにあるという意味で——それを使うわれわれの日常世界を堅固にする。手仕事道具はこういったことすべてを通じて、われわれの生活を、世に根を下ろした

確かなものにする、と言える。

われわれがいま暮らす大量生産の消費社会は、資源の大量使用やゴミの大量廃棄による環境破壊、先進国の巨大資本による地域文化の均質化、物質的豊かさに比例して広がる精神的空虚さ、などさまざまな問題を抱えている（これらの問題状況を「（ポスト）モダニティのカオス」と呼んでもいいかもしれない）。このような状況の下、豊かな生活とは何か、モノとどうつきあうか、よく生きるとはどういうことか、幸福とは何か、どのような暮らしを立てていくべきか、といった事柄が、いままで以上に問われている。手仕事道具は、われわれが豊かで確かな生活を送るために、改めて何を考えるべきか、何をすべきか、のヒントを与えてくれるであろう。

〔参考文献〕

アレント、志水速雄訳『人間の条件』〈ちくま学芸文庫〉（筑摩書房、一九九四年）
出川直樹『人間復興の工芸』〈平凡社ライブラリー〉（平凡社、一九九七年）
小原二郎『木の文化』〈ＳＤ選書〉（鹿島出版会、一九七二年）
沢口悟一『日本漆工の研究』（美術出版社、一九六六年）
西岡常一『木のいのち木の心〈天〉』（草思社、一九九三年）
日本工芸会近畿支部編『工芸の博物誌』（淡交社、二〇〇一年）
前田泰次『現代の工芸』〈岩波文庫〉（岩波書店、一九七五年）
山崎正和『柔らかい個人主義の誕生』（中央公論社、一九八四年）

リースマン、加藤秀俊訳『何のための豊かさ』（みすず書房、一九六八年）

第Ⅴ部

ポストモダンのニヒリズム

第9章　実存主義の凋落と構造主義の台頭

1　サルトルの実存主義

実存主義の系譜とサルトル

コギトの絶対性を提唱したデカルトの登場以来、西洋哲学では人間の理性が称揚され、啓蒙主義や観念論が興隆した。しかし、そうした西洋哲学の潮流にあって、その合理主義に批判を向ける人びとも存在した。例えば、デカルトに対してはパスカル（Blaise Pascal, 1623 - 1662）、ヘーゲルに対してはキェルケゴールという批判者が挙げられる。かれらは、西洋合理主義の在り方、すなわち理性を擁して物事の本質や普遍性・客観性を探究することを課題とし、そのために人間の認識はいかにして可能かを主たる問題とする在り方に疑問を呈し、一度きりのかけがえのない人間の存在とは何か、人間の生きる意味や価値は何かということを問題にした。そして、パスカルとキェルケゴールはその答えをキリスト教に求めたのであった。だが、ニーチェは、合理主義批判という点ではかれらと問題を共有しながらも、キリスト教に与せず、むしろキリスト教が提供する人間の生き方もまた、彼岸に真理を置き此岸の生をなおざりにするという点で西洋哲学の形而上学の枠組みを免れていないことを暴露した。そして、かれは、人間の理性の肥大化によってすでに影の薄くなっていた神に死を宣告して、人間を生きる意味や価値のなさ（ニヒリズム）に直面させたのである。

パスカルに遠く端を発し、キェルケゴールによって自覚的に提唱された、人間の主体的な在り方を問う哲学は、ニーチェの洗礼を受けて実存主義として展開される。実存主義者と目される哲学者としては、ヤスパース（Karl Jaspers, 1883 - 1969）、ハイデガー（Martin Heidegger, 1889 - 1976）、マルセル（Gabriel Marcel, 1889 - 1973）などが挙げられるが、なかでも、サルトル（Jean-Paul Sartre, 1905 - 1980）は、ニーチェによる神の死を受け止めて、神なき人間存在の在り方を模索して実存主義を世に広めた哲学者であった。かれは、ヘーゲル哲学の影響下、フッサールの現象学とハイデガーの存在論を独自の仕方で解釈して『存在と無』（一九四三年）を著し、さらに『実存主義はヒューマニズムである』（一九四六年）でその実存主義を平易に説いて多大な影響を与えた。後者のなかで、サルトルは、プラトン（Platōn, 427 b.c. - 347 b.c.）以来の形而上学の命題「本質は実存に先立つ」を転倒させて、「実存は本質に先立つ」と述べ、これを実存主義のスローガンとして掲げたのである。

意識主体と責任

では、このスローガンにいたるサルトルの哲学的基盤はいかなるものであったのか。フッサール現象学を学んだサルトルは、現象学の志向性の規定、「意識とは何ものかについての意識である」を徹底させると同時に、現象学に向けられた独我論という批判を克服するべく、意識主体の概念を改変することに着手する。サルトルが採ったのは、意識から「自我」を捨象して、意識を無なる透明な存在としたうえで、そこにヘーゲルの即自存在と対自存在の規定を導入するという戦略である。かれはまず、意識個体の存在を哲学の基底に据えつつ、そこから「自我」を取り去ることで、世界を構成するという「主体」の特権を取り除く。そしてそのうえで、意識存在が、意識の対象となることによって、とりわけ他の意識存在の対象となることによって成立していることを示して、独我論を克服しようとしたのである。

サルトルによれば、即自存在とは、自己自身と寸分の隙もなく合致している事実的な存在である。この存在は、肯定されざるをえないとはいえ、何らの存在根拠を持たない偶然的なものにすぎない。そこで、この偶然性の耐え難さを乗り越え、自ら存在根拠を与えようとする在り方が、対自存在である。対自存在は、即自存在を否定し、それを無化しつつ、その根拠を追究する。さらに、対自存在は、即自存在を脱出して、自己をあるべきさまに向けて投企する。このことを指して、対自存在は全き自由によって自己を創造すると言われるのである。

しかし、それと同時に、この自由な対自存在は、他の自由な意識存在の対象ともされている。フッサールの意識の規定を「まなざし」と言い換えたサルトルは、対自存在が、他の意識存在すなわち他者のまなざしの下で、対象化され、恣意的な像に固定されて、常にその自由を奪われる危険にさらされていることを指摘する。たしかに、対自存在は、他者からのまなざしを受けることによって、「他者ではない」という仕方で、即自存在においては消し去られていた「自我」を得る。だが、この「自我」は他者によって付与された恣意的なものでしかない。それゆえ、対自存在は自由を取り戻さなければならない。そのため、対自存在は、今度は、自分に向けられていたまなざしを他者に向け換え、他者を対象化して何らかの像に固定することになる。

このようにして、偶然的なものでしかなかった意識の即自存在は、対自存在の否定作用と他者の意識作用によって「主体」としての地位を得る。そこで語られる主体（自我）は、「自由の刑に処せられている」と言われるように自由でしかありえないと同時に、「他者とは地獄である」と言われるように常に他者からその自由を脅かされるという、自由に関して両義的な存在である。こうした自由に基づいて初めて、サルトルにおける責任が出来《しゅったい》する。自我は、対自存在が自らを在るべき姿に向かって投企することによって存在するがゆえに、それに責任を持たなければならない。そしてまた、自我は、他者のまなざしによって存在させられるがゆえに、他者が自らに課した像（それが他者の恣意によるものであって、自我にとっては偶然的なものでしかないにせよ）に責任を持たなければならない。

この責任において、偶然的に存在させられるにすぎなかった人間は、その受動的な在り方を脱して全き能動性に転じる。さらに、サルトルは、こうした責任を自らに課した自己拘束の在り方をアンガジュマンと称して、人間が世界に向かって開かれ、世界に対して全責任を負わなければならない存在であることを強調する。人間はまず存在し、その自由において自己自身を規定し、その自己に対して責任を負う。これは、神なき人間存在が、その存在根拠も自己正当化の根拠も持ちえなくなったことからの帰結である。先に掲げたサルトルによる実存主義のスローガンは、このような文脈で理解されなければならないのである。

実存主義の終焉

『実存主義はヒューマニズムである』でサルトルは、ハイデガーを自らと同じ無神論的実存主義者として評価している。しかし、ハイデガーは、この評価に異議を申し立てる。かれは、サルトルの哲学を、意識存在から出発して人間の主体性と絶対的自由を謳歌することにおいて西洋形而上学の伝統を引きずるものと批判し、そのような主体からの脱却と存在の家としての「言葉」を主張して、自身の転回（ケーレ）を図る。この批判は、興隆を誇ったサルトルの実存主義に影を投げかけるものであった。その後、サルトルは、上記のような自由と責任の概念に基づくアンガジュマンの理念を現実の政治問題へと展開させ、マルクス主義と実存主義の総合を目指して、『弁証法的理性批判』（一九六〇年）に結実させる。しかし、未完のままに終わったこの書は、レヴィ=ストロース（Claude Lévi-Strauss, 1908-　）からの痛烈な批判を浴び、サルトル実存主義の終焉を決定づけるものとなる。

サルトルによれば、マルクス主義の停滞の理由は、歴史を物質的関係すなわち社会階級の闘争から説明することによって、個々の人間主体を歴史法則の決定論のうちに解消してしまったことにある。そこでかれは、『弁証法的理性批判』で、具体的な人間の自由と実践の可能性を求めて、歴史とは全体性としてあるのではなく、それ自身を創り続ける不断の全体化作用であることを主張する。かれは、これまで意識存在の相互関係から説明してきた実践の問題を、人間と物質との関係において捉え直し、人間が物質を否定し乗り越えていくところに歴史の全体化作用を見出そうとする。サルトルによれば、人間とは、物質に働きかける実践的な主体であると同時に、物質から働きかけられる惰性態でもある。そして、人間が欲求によって物質に働きかけ、物質が欲求に比して不足していること（希少性）から、人間間の暴力が生まれ、階級闘争が導かれるのである。こうして人間は、物質的状況に条件づけられつつ、自由な実践によって状況を作り上げていく「歴史的存在」と規定される。さらに、サルトルは、意識の在り方からは導かれなかった、階級のような集団の解明にも努め、実践的＝惰性態でしかない群衆が、共通の目的を持つことによって集団となり共同的実践をなすにいたるさまを詳細に分析している。

2　構造主義革命

サルトル批判と構造主義

サルトルの『弁証法的理性批判』は、意識の哲学を乗り越えて、実存主義を歴史と他者に対して開かれたものにしようとする野心的な著作であった。しかし、その議論は、あくまでもコギト的な自我を出発点として、人間主体を中心に展開されるという意味で、デカルト的な近代哲学を引きずっていた。このことに批判の刃を向けたのが、構造主義者レヴィ=ストロースであった。レヴィ=ストロースの『野生の思考』最終章はサルトル実存主義に致命的な打撃を与え、これを機に、フランス思想界は実存主義から構造主義への世代交代を迎えることになったのである。

レヴィ=ストロースは、ソシュール（Ferdinand de Saussure, 1857 - 1913）を祖とする構造言語学をヤコブソン（Roman Jakobson, 1896 - 1982）経由で学び、その構造分析の手法を人類学に取り入れて展開させ、構造主義の旗手となった人類学者である。構造主義の考え方の特徴は、言語構造が人間の精神構造と密接な関係を持つことを前提として言語モデルを社会事象に適用し、ある事象を人間の文化的・社会的な諸要素が網の目のように絡み合って存在する全体と見なし、その全体を諸要素がさまざまな差異をはらんで互いに緊密に関わるなかで変化するものと捉えるところにある。それゆえ、構造とは、人間が主体的に作り出すものではなく、また、事物の自然的・具体的な性質によって成立するものでもなく、人間の歴史的・社会的実践によって偶然的・無意識的に生み出される諸関係である。レヴィ=ストロースによれば、こうした諸関係が人間を基底づけるのであり、構造分析とは、その構造の諸関係を明るみに出すことである。かれは、一見矛盾するかに映るさまざまな事象を構造分析することで、そこに共通の論理作用が働いているのを見出そうとする。

レヴィ=ストロースは、アマゾン原住民のフィールドワークの体験をもとに構造分析を行ない『野生の思考』（一九六二年）を著す。かれはこの書において、素朴で非合理的なものであるとされてきた原住民族の神話的思考が、決して西洋の科学的思考に劣るものではなく、独自の論理と方法を持つ思考であることを明らかにする。原住民族に見られる「野生の思考」は、具体的な経験をもとにして、現実世界をその具体性と多様性を保ちつつ論理的操作の対象とする「具体の科学」である。これに対して近代科学に見られる「栽培種の思考」は、現実世界を特定の目的に従って断片化、抽象化し、等質化して論理的操作の対象とする思考体系（システム）である。レヴィ=ストロースによれば、野生の思考は、栽培種の思考への進歩の途上に位置づけられる（通時的認識）のではなく、栽培種の思考を擁するような科学文明社会のなかでも、例えば芸術のような形で存在している（共時的認識）のである。

レヴィ=ストロースは、「どの文化も、自己の思考の客観性志向を過大評価する傾向を持つ」と指摘して文化的相対主義の立場に立ち、西洋において理性中心に展開されてきた認識論を批判し、同時に、西洋文化を歴史の頂点として他の文化をその発展の途上に位置づける歴史観を批判する。こうした意味で、レヴィ＝ストロースにとってサルトルは、人間中心主義であること、無意識の領域を認めないこと、西洋中心の歴史観に立つこと、において格好の標的だったのである。この書は、構造主義の流行を引き起こし、一九六〇年代、構造主義は、西洋哲学に認識論と歴史観の転換を迫るものとして、思想界を席巻することになる。

主体の解体

先にも触れたように、構造主義はソシュールの言語学にその端を発する。一九五〇年前後からかれの講義録『一般言語学講義』の重要性が注目されるようになると、その影響の下、ラカン（Jacques Lacan, 1901 - 1981）やロラン・バルト（Roland Barthes, 1915 - 1980）は、言語分析から出発し、その成果を精神分析や記号学・文芸批評に展開させて、レヴィ＝ストロースとともに構造主義運動の一翼を担ったのである。

ソシュールの言語学の特徴は、言語を事物の名称と見なす従来の言語学の常識を覆し、言語を外部の事物とは関係なくそれ自体で完結している記号の体系であると考えるところにある。すなわち、言語という記号は、そうでない他の記号との対立関係（差異）によってのみ規定される形式なのである。ソシュールによれば、記号は、感性的な表現（シニフィアン）と意味内容もしくは概念（シニフィエ）の不可分な結合によって成立する。ただし、この両者の結合は、他の言語体系と照らし合わせるとき、恣意的なものでしかないことも知られる。また同時に、記号は、連続的な現実世界を切り取ってある概念として表出するが、これも恣意的なものでしかない。こうして、言語は、さまざまな恣意性と差異とから成る関係の束とされるのである。

こうしたソシュールの言語学を精神分析に応用し、構造主義の父と評されたのがラカンである。精神分析医であったかれは、すでに一九三六年の研究発表で、幼児が鏡に映った自らの姿を他者からの承認を受けつつ段階を踏んで自分自身であると認識することを示して（鏡像段階）、自己同一性が幻想にすぎないことを示唆している。この研究をもとに、かれは主著『エクリ』（一九六六年）で、デカルト以来サルトルにいたるまで西洋哲学の前提とされてきたコギトを否定して、「私が存在しないところで、私は考える」と述べ、主体性批判を一つの柱とする構造主義に重要なテーゼを提供したのである。そして、ラカンは、言語構造が人間の精神的領域に深く関係し、かつそれを支配しているとして、「無意識は言語として構造化されている」と表明する。

ラカンは、ソシュールにならい、無意識の言語について、それがシニフィアンとシニフィエから成っているとする。だが、ラカンは、ソシュールが恣意的ではあるが不可分の結合であるとしたこの二つの項を分離し、両者はそれぞれ異なる連鎖を成しており、したがってその関係は暫定的なものにすぎないと変更を加える。そのうえで、かれは、シニフィエは抑圧されているものであり、シニフィアンの方が無意識を形成し、主体を決定するものであると主張する。シニフィアンの連鎖はシニフィエを浮き上がらせうる。だが、そのシニフィエは確定的なものではありえない。それゆえ、シニフィエを求める欲望がシニフィアンの連鎖を横滑りしていくことになる。しかも、ラカンによれば、人間の欲望は、他者の欲望のうちに自らの欲望の意味を見出すものである。すなわち、「無意識は〈他者〉の言説である」。こうして、主体は解体され、他者が構成する無意識の構造の結節点となる。そして、主体は、他者によって構成される言語において、コミュニケーションを行なうのである。

意味の複数性

ラカンと同様、言語分析から出発し、かれとの対比で構造主義の母と評されたのがロラン・バルトである。しかし、かれの幅広い創作・評論活動は、構造主義の枠組みを超えて、次代のポスト構造主義、ポストモダニズムの先駆けとなった。構造主義の興隆に陰りが見え始めたのは、五月事件の起こった一九六八年であるが、これは、奇しくもバルトがセミナーにおいて構造主義の自己批判に着手した年と一致している。

構造主義者としてのバルトは、ソシュール言語学を『神話作用』(一九五七年)で独自の記号学に展開し、さらにその理論を言語以外のさまざまな文化事象を対象に応用して『モードの体系』(一九六七年)に結実させた。かれによれば、神話作用とは、すでに存在する記号体系を自然的なものと見なし、その記号体系を所与の表現記号(シニフィアン)として新たな意味(シニフィエ)を帯びさせることである。つまり、第一段階でシニフィアンとシニフィエの結合によって構成されていた記号が、第二段階では一個のシニフィアンとなって第一段階とは異なるシニフィエと結合するのである。バルトは、こうした神話作用が成立するとき、第一の記号体系を外示(デノテーション)、第二の記号体系を共示（コノテーション）と呼ぶ。かれは、神話作用によって、文学やモードなどがさまざまな含意をもって重層的に成り立っていることを明らかにするとともに、その表現の裏に特定のイデオロギーを隠して流通させうる危険をも暴き出す。

バルトはまた、文学についての多彩な評論活動を行ないつつ論文「作者の死」（一九六八年）、「作品からテクストへ」（一九七一年）（『物語の構造分析』所収）を著して、テクスト理論を提起し、旧来の文学作品の読解の在り方に楔《くさび》を打ち込む。旧来、文学作品の読解とは作家の意図を読み取ることであり、解釈によって唯一のシニフィエを取り出すことであった。バルトは、これに異を唱え、テクストとは、シニフィエを無限に後退させたシニフィアンの場であり、しかも複数のシニフィアンが横断する場であると考える。それは、テクスト自体が、複数のテクストの引用から成り立っていることに由来する（相互テクスト性）。バルトによれば、テクストが立ち現われるのは、作者がそれを著したときではなく、読者が創造的行為によって、テクストのコノテーションを読み取り、意味の複数性を評価するときなのである。こうしたテクスト理論は、構造主義の成果を踏まえつつも、もはや堅牢な構造（システム）の提示を拒むことにおいて、次代の到来を告げるものとなっている。

〔参考文献〕

Ｆ・ガデ、立川健二訳『ソシュール言語学入門』（新曜社、一九九五年）
Ｌ－Ｊ・カルヴェ、花輪光訳『ロラン・バルト伝』（みすず書房、一九九三年）

篠田浩一郎『ロラン・バルト――世界の解読』（岩波書店、一九八九年）
長谷川宏『同時代人サルトル』（河出書房新社、一九九四年）
福原泰平『現代思想の冒険者たち　ラカン――鏡像段階』（講談社、二〇〇五年）
M・マリーニ、榎本譲訳『ラカン――思想・生涯・作品』（新曜社、一九八九年）
丸山圭三郎『ソシュールを読む』（岩波書店、一九八三年）
E・リーチ、吉田禎吾訳『レヴィ=ストロース』〈ちくま学芸文庫〉（筑摩書房、二〇〇〇年）
A・ルノー、水野浩二訳『サルトル、最後の哲学者』（法政大学出版局、一九九五年）
渡辺公三『現代思想の冒険者たち　レヴィ=ストロース――構造』（講談社、一九九六年）

第10章　ポストモダンの陥穽と「責任」

1　ポスト構造主義とポストモダンの誕生

ポスト構造主義

構造主義は、デカルト以来の西洋哲学の伝統、すなわち、理性を擁した認識論、西洋中心の進歩主義的歴史観に転換を迫り、そこに含意されている意識中心主義、人間中心主義、自民族中心主義を鋭く批判し、そのイデオロギー性を告発するものであった。その批判は、さらに西洋哲学の源泉であるギリシア哲学にまでさかのぼり、西洋哲学の根源的な形而上学的志向の否定をも射程に入れていた。しかしながら、構造主義の議論は、体系（システム）への志向に支えられているかぎりで、その構造を実体と見なし主体化する傾向を持つ。それは、取りもなおさず、構造主義が、自ら否定し去ろうとした西洋哲学の形而上学志向をなおも内包していることにほかならない。また、サルトルが早くから気づいていたように、構造主義が事象の通時性を捨象して事象を共示性において捉えることは、それ自体が現状維持のイデオロギーになりかねない危険をはらんでいる。ポスト構造主義と呼ばれる思想家たちは、こうした構造主義の傾向を批判し、乗り越えようとしたのである。

しかし実のところ、構造主義の興隆のさなかにも、すでに構造主義内部からその切り崩しは始まっていた。ラカンの議論は、構造主義の一つの典型とされながらも、シニフィエとシニフィアンの結合を暫定的なものにすぎないと考えることにおいて、主体を解体するばかりではなく、構造をも解体する兆しを見せている。さらに、バルトの議論は、テクストの複数性と意味の複数性を主張することにおいて、構造を拡散させる方向に向かうものである。バルトは構造主義者を自認しつつもその枠内に納まらない理論を展開したが、かれと同様、フーコー（Michel Foucault, 1926 - 1984）やデリダ（Jacques Derrida, 1930 - 2004）も、登場した際には構造主義者と見なされながら、後に自らそれを繰り返し否定した思想家である。とりわけ、フーコーはバルトとともに、構造主義の主要な担い手と目されながら、ポスト構造主義へと移行し次代のポストモダンと呼ばれる思潮を準備して、この思潮を代表する思想家の一人に数えられている。

知と権力

フーコーは、まずは心理学者、精神医学者として出発した。フーコーは、最初の主著『狂気の歴史』（一九六一年）で、狂気が西洋社会のなかでいかにして排除され監禁されるにいたったかを分析する。かれは、狂人と常人とが共存していた時代と狂人が常人から区別され監禁の対象とされる時代とを分けたものは、デカルト的な理性中心の二元論的思考であると考える。この思考が社会に行き渡ることで、狂気は理性から区別され、〈他者〉として理性の領域外へと追いやられ閉じ込められたのである。この分析を通してフーコーは、社会が「隣人を監禁する最高の権威」たる理性の側に立って、狂気をむしろ必然的なものとしている人間を理性へと撓《たわ》めて封じ込むことを糾弾する。

こうした歴史分析は構造主義の方法にのっとってなされ、それは『言葉と物』（一九六六年）においてさらなる展開を見る。この書でフーコーは、膨大な文献資料をもとに、さまざまな学問領域が各時代においてどのように確立され、世界の見方を転換させたのかを分析する。かれは、ある時代やある社会を画する知の体系をエピステーメーと呼び、このエピステーメーを言葉と物の関係から成る言説システムの転換において探究するのである。かれによれば、人間という概念もこの言説の転換によって近代に創出されたものにすぎず、そのかぎりで、人間もいずれは終焉を迎えることになる。

この書はベストセラーとなり、構造主義関連の重要な書物が刊行されたいわゆる「構造主義年」に発表されたことと相まって、フーコーを構造主義の中心人物に祭り上げた。さらに、フーコーは、こうした一連の歴史分析の方法を総決算して『知の考古学』（一九六九年）を著す。ここで改めて明らかにされるのは、かれが、従来の歴史学のように、歴史を人間を主体とした連続的変化とは見なさず、不連続な断層の集積だと捉えることである。歴史分析の作業は、まさに人間の知を成り立たせている断層を掘り起こし、言説の「集蔵体」を白日の下にさらすことにほかならないのである。

しかし、フーコーは一九七〇年代に入ると、こうした歴史分析から知と権力の問題へとその関心を移していく。『監獄の誕生』（一九七五年）においてかれは、『狂気の歴史』で見出されたような知が権力をまとって人間を拘束するさまを「一望監視施設（パノプティコン）」をモデルとして具体的に描き出す。一望監視施設とは、十九世紀にベンサムが考案した監視装置である。それは、中央の塔に監視人を、その周囲に区分けされた独房を配して、監視人からは囚人が一望の下に見渡せ、しかも囚人の側からは監視人が見えないよう設計されている。この施設の秀逸さは、監視人の目を権力の目として、仮にそれが存在しないとしても、囚人が常にその目を意識し自らを縛られずにはいられないようにする点にある。フーコーは、この施設のモデルが工場、病院、兵営、学校で具現化され、そのことで権力が規律として人間に内在化され人間の精神と身体を拘束する事実を告発するのである。

フーコーの『性の歴史』（Ⅰ一九七六年、Ⅱ、Ⅲ一九八四年）は、当初の構想を大幅に改変し、かれの死によって未完に終わった大著である。第一巻「知への意志」でかれは、性は抑圧されていることが前提となっているにもかかわらず、性の言説が横行しているのはなぜかと問う。かれによればそれは、「知の権力」が、キリスト教の告解という制度や教育・医学による啓蒙を通して性の言説を真理と位置づけ、それを語らせることで個々の性を支配する仕組みを作り上げたからである。だが、第二巻「快楽の作用」、第三巻「自己への配慮」では、かれはこうした知と権力の問題からも離れ、性と自己の関係そのものを問うことになる。かれは、古代に遡って、そこにキリスト教道徳とは無縁の自己統御としての性の在り方を見出す。それは、性の快楽の技術とその活用を通して、生の美しい形式を希求する態度である。フーコーは最期に臨んで、古代研究から構造主義を逆照射し、構造主義が否定した主体に回帰して新たな「生存の美学」を作り上げたのである。

差延と脱構築

デリダもまた、登場した際には構造主義に属する論客と見なされた。事実、かれは、世界や歴史を構築する主体を否定し、それらを成り立たせているのは差異や関係であるという考え方を構造主義から受け継いでいる。しかし、「講造主義年」の翌年一九六七年に刊行された『声と現象』、『グラマトロジーについて』、『エクリチュールと差異』は、すでに構造主義を超え、ポスト構造主義の到来を証示するものであった。デリダは、レヴィ=ストロースが構造を記述する際、例えば「自然」と「文明」を互いに排除しあう項として立てたことを批判する。デリダは、もはやこうした二項対立の図式は確固としたものではないとし、構造主義を支える記号におけるシニフィエとシニフィアンの結びつきをも破壊する。

デリダは、これまで同一性を持つと見なされてきたものを動揺させるために、「差延」という、「異なる」と「延期する」という語から成る造語を提起する。差延とは、ある要素が、それ以外の要素と関連を持ちつつ、また過去の要素のしるしを保ちつつ、未来に関係づけられる要素を待つという事態である。現われ出るものは何かの痕跡としてしかありえず、またそれを表わす記号も何かの代補でしかありえない。しかも、その代補はさらに何かの代補であるから、結局のところ、現れ出るものは、起源には到達しえない。このようにして、差延とは、決して現われ出ることのない起源をめぐる差異と代補の運動であり、「現前と不在の戯れ」なのである。

デリダがこうした同一性の揺さぶりの標的とするのは、西洋哲学が擁してきたロゴス（言葉、論理、理性）中心の形而上学である。これを根底から覆すために用いられる、さらに大掛かりな戦略が「脱構築」である。これはハイデガーの「破壊／解体」という概念から着想を得たデリダの造語であるが、この脱構築によってデリダは、形而上学的思考に隠されている二項対立と価値秩序を暴き出し、それを解体し、構築し直そうとする。それは、ある言説において特権的な語とそれに対置される語（例えば理性に対する感情、客観に対する主観など）を見出し、その価値秩序を検証し、両者の境界を曖昧にさせ、転倒させて、その言説自体を成り立たなくさせる作業である。もはや言説に見出されるのは、究極のシニフィエではなく、増殖するシニフィアンでしかない。それゆえ、デリタは、二項対立の各項が同一性を失効させられていること、脱構築を遂行する主体もまた他者によって同一性を制約されていることを克明に知りつつ、あえて、あらゆる区分の境界に立って、いかなる秩序体系にも与しないような新たな言説を開始する思考を要請するのである。

デリダが提唱した脱構築の理論は、構造主義がその思考の枠組みとした二項対立を無化することにおいて、そこになお存在していた形而上学の残滓《ざんし》を一掃するとともに、構造主義が提起した差異や関係性といった概念を極限まで推し進めるものであった。デリダの脱構築がポスト構造主義の決定要素と見なされるのはそのためである。デリダの理論は、まずはアメリカの文学批評の領域で歓迎されたことから、テクスト読解の手法として一世を風靡した。しかし、デリダの意図はそれにとどまるものではなかった。かれは、その後、晩年にいたるまで、脱構築の戦略を倫理の諸問題に結びつけ、現実の政治・文化について積極的に発言し続けたからである。その背景には、ファシズムや植民地支配を生み出した西洋世界に対する強い危機意識がある。それゆえ、本章の最後に再びデリダに立ち返り、ポストモダンの、あるいはそれを超える倫理がどのようにありうるかを検討することにする。

2 ポストモダンの諸相

ポストモダンの条件

一九六〇年代後半から一九八〇年代にかけてフランスで展開された思潮は、ポスト構造主義と呼ばれている。そして、その担い手としては、前節で扱ったフーコーやデリダ、さらにドゥルーズ（Gilles Deleuze, 1925 - 1995）、ガタリ（Félix Guattari, 1930 - 1992）、リオタール（Jean - François Lyotard, 1924 - 1998）、ボードリヤール（Jean Baudrillard, 1929 - ）などの思想家たちが挙げられる。かれらの主張は一様ではないが、概してかれらが、権力による全体化作用への危惧を背景にして、あらゆる同一性の破壊を志向していたことにその特徴を見出すことができよう。

ところで、ポスト構造主義の後期に位置づけられるリオタールは、『ポストモダンの条件』(一九七九年)において、建築用語であったポストモダン(近代の建築様式に対する新たな様態)という語を、西洋形而上学の否定と差異による非形而上学的思考を目指す思想動向を表わすために用いた。かれは、これまでの形而上学を「大きな物語」あるいは「メタ物語」と呼び、マルクス主義に象徴されるような、普遍性を標榜して超越的な視点から世界を構築し、権威をまとって個人を抑圧する思考全般を否定する。リオタールによれば、ポストモダンとは、もはやこうした大きな物語に信を置けなくなった状況である。それゆえ、ポストモダンに生きる人間は、大きな物語を権威の虚妄と看破するかぎりで、「小さな物語」を打ち立て、その多元性と相対性によってそうした権威に抵抗していかなければならないのである。この書を機に、ポストモダンという語は上記のような思潮(狭義では反近代合理主義)を指すものとして人口に膾炙《かいしゃ》することになり、同時にポスト構造主義はポストモダンと同一視されることになった。こうして、先に挙げたポスト構造主義者たちは、本人の思惑をよそに、ポストモダンの思想家と括り直されるにいたったのである。

ノマドロジー

ドゥルーズは、哲学者の仕事を新たな概念の創出と新たな世界の見方の提供と定め、自らもそれを実践した哲学者である。かれは、『差異と反復』(一九六八年)において、それまでの哲学史研究を総括し、同一性に立脚した西洋形而上学を差異の哲学によって転覆させせようとする。ドゥルーズによれば、プラトン哲学に起源を持つ西洋形而上学は、本質（モデル、オリジナル）とその似象（コピー）という二元論的思考から成るが、それは同一性と類似という概念に支えられている。コピーはモデルの模倣、類似であるかぎりで、モデルに根拠を持つものとして世界のうちに位階づけられる。他方で、コピーのコピーである幻影や見せかけ（シミュラークル）は、この二元論の世界で抑圧され排除されている。ドゥルーズは、このシミュラークルに着目して、モデルとコピーの二元論を失効させ、シミュラークルの分散と差異のうちに、同一性が差異とその反復から成ることを見出すのである。

さらにドゥルーズは、精神分析医ガタリとの共著『アンチ・オイディプス』（一九七二年）で、新たな倫理の構築をこうした差異の哲学に託す。かれらは人間を「欲望する機械」と規定する。この語は、人間の欲望が生産・創造するものであること、さらに人間という機械が自然や国家などの他の機械と並置されるものであることを含意している。この語によってかれらは、人間が意識的な主体ではなく、無意識の欲望に突き動かされ、同時に他のさまざまな機械と接合して自己形成するものであることを表わそうとするのである。欲望は生産するものとして、解放されなければならない。しかし実際には、欲望は、抑圧され、局所化され、統制されている。それゆえ、こうした欲望の統制された在り方（神経症、パラノイア的、オイディプス的な在り方）から逃走し、欲望のエネルギーを拡散させ、さまざまな機械との接合を繰り返すことが求められる（分裂症、スキゾフレニー的な在り方）。かれらは、資本主義社会を、こうしたパラノイア型とスキゾフレニー型、双方の在り方を持つ両義的な社会と見なす。その社会のパラノイア的側面が助長されてファシズムにいたるのを阻止するために、人間は、スキゾフレニー的な在り方、すなわち定住を拒否する遊牧民（ノマド）の在り方を遂行し続けなければならないのである。

ドゥルーズとガタリは、『千のプラトー』（一九八〇年）で、このスキゾフレニー的な在り方、すなわちノマドの在り方を「リゾーム」という概念で捉え直し、欲望がいかに働き、生産するかを描き出す。リゾームとは、地下に張られる根茎のことを指している。デカルトが学問体系を樹木にたとえ、形而上学を根に、他の学問領域とその進化を枝に配したように、従来、樹木は学問の秩序体系の象徴であった。また、樹木は、一から出発して分岐し展開する全体を包括する中央集権的システムの象徴でもある。これに対して、リゾームは、特権的な中心を持たず、あらゆる方向へ向かって拡張され、しかも任意に切断されることが可能であるような多様体である。欲望は、こうしたリゾームの逃走線に従って働くものであり、決して枝となって位階づけられることもなく、根となって固定されることもない。このような形で、ドゥルーズとガタリは、ノマドの思考（ノマドロジー）を描写してみせたのである。

シミュレーションとハイパーリアリティ

ボードリヤールは、ポストモダンの先導者とも呼ばれる社会学者である。かれは、初期には、『物の体系』（一九六八年）、『消費社会の神話と構造』（一九七〇年）、『記号の経済学批判』（一九七二年）において、記号論を消費社会論に結びつけ、資本主義社会が維持されるのは、物が単に生産物としてではなく、商品化の過程を経て価値体系を担った記号として機能するからだと主張する。かれによれば、個人は消費を通して、無意識のうちにこの記号の価値体系に組み込まれ、記号を受容することでさらに記号の需要を生み出して、消費社会の大量生産と複製の過程に回収されていく。

さらにボードリヤールは、『象徴交換と死』（一九七六年）で、こうした見方を発展させ、近代（モダン）と近代以降（ポストモダン）を区別するのは、まさに情報や通信などに見られる記号が生産に取って代わったことであると考える。もはや、消費社会を成り立たせているのは、資本ではなくテクノロジーであり、生産ではなく記号・イメージである。こうして、かれは、社会にモデルを提供し、それを原理的に説明するものとしての政治経済に終焉を宣告し、さらには近代そのものの終焉を予言する。かれによれば、現代とは、シミュレーションの時代であり、さまざまな記号やイメージの戯れ、シミュラークルの増殖があるのみの「ハイパーリアリティ」の時代である。そこでは、さまざまな領域が互いの領域を侵犯しあい、互いの崩壊をもたらしている（内破）。現実はハイパーリアリティに取って代わられ、むしろハイパーリアリティの側から現実が説明されるにいたる。

ボードリヤールは、一九九〇年前後からは、理論構築よりもさまざまな文化現象の批評・評論を行なうことに勢力を傾け、いわゆる「予測理論」、「シミュレーション理論」を展開する。これは、現実の出来事はもはや図式化・理論化不可能であるという見地から、断片的・空想的な仕方で物語を紡ぎ現実を分析・予測しようとするものである。またかれは、『透きとおった悪』（一九九〇年）、『他者性のすがた』（一九九二年）で、自己免疫システムの崩壊と他者の出現を指摘し、同一性を動揺させる他者のうちに新たな社会への期待を託している。

ボードリヤールは、ポストモダンの状況を近代の状況から明確に区別して、それを学問領域と大衆文化を往還しつつ分析し描写することにおいて、自他ともに認めるポストモダニストであった。またかれは、シミュレーションと内破の在り方を実践し、もはや言説が理論構築のためにあるのではなく、それ自体が遊戯やゲームでしかありえないことをその評論のなかで体現してみせた。そのような形でポストモダニズムの行き着く先を提示したという意味でも、たしかにかれは、ポストモダンの「先導者」であったと言えるのである。

3　ポストモダンを超えて

ポストモダンのニヒリズム

構造主義そしてポスト構造主義・ポストモダンは、形而上学の転覆を図り、既存の価値の秩序体系をさまざまな仕方で完膚なきまでに打ち砕いた。その意味ではニーチェの言うニヒリズムが現実に到来したのである。しかし、このニヒリズムの深刻さは、ニヒリズムの状況それ自体の正確な把握が望めないことにある。なぜなら、いかなる言説が繰り出されたとしても、もはやそこに確定的な意味は存在しないからである。そして、さらに深刻なことは、このニヒリズムを引き受ける主体すら存在しないことである。構造主義からポストモダンまでの思想家が主体をもまた破壊したがゆえに、もはやニヒリズムましてや倫理を担ういかなる主体も存在せず、存在するのは分散する差異と機能のみである。こうした徹底的なアナーキズムとニヒリズムのなかで、人間が倫理を持つことは不可能に思われる。

たしかに、ポストモダニズムは、新たな理論を供給することよりも、既存の理論の基底を動揺させ、破壊することに腐心しているようにも映る。そこに、懐疑主義と相対主義の系譜を見て取ることは可能である。また、そこにあるのは単なる言葉の戯れにすぎない、と断じることも可能である。しかし、フーコーが言説における知の権力の看破という仕方で、またリオタールが小さな物語の提唱という仕方で、あるいはドゥルーズ－ガタリがノマドロジーの創出という仕方で、権力の全体化作用に抵抗しようと努めたことも事実である。また、デリダが脱構築という戦略を単なる破壊と受け取られることに強い否定を表明し、現代社会に対する提言を繰り返したことからしても、ポストモダンの思想家たちが何かの構築を目指さなかったとは言えない。ある意味では、ポストモダンの思想は、ニーチェを徹底的な仕方で受容し、実存主義とは違った仕方で人間のあるべき姿を模索したものだとも言えるのである。

第V部の最後にあたり、現象学から出発して独自の倫理学を提唱したレヴィナス（Emmanuel Levinas, 1906 - 1995）と、脱構築を倫理学的に展開したデリダとの対話のなかに、ポストモダンを超える倫理学構築の可能性を探ることにする。

他者からの倫理

「他者」については、すでに実存主義者キェルケゴール、ヤスパースが、自己の実存は他者との関係性においてしか成立しないと述べて、その存在に着目していた。そして、現象学者フッサールが独我論の克服を目指して他者を論じた『デカルト的第五省察』（一九三一年）をきっかけに、他者は哲学の主要な課題として広く論じられることになった。サルトルの他者論もこうした流れのなかに位置づけられる。また、構造主義からポストモダンにいたる思想家たちも、主体あるいは同一性の解体という観点から、それらを揺るがせる他者という契機に無関心ではいられなかったことは、これまで見た通りである。

しかし、他者をその哲学の中心に据えて新たな倫理学を構築したのは、何といってもレヴィナスである。かれは、フッサール現象学とハイデガー存在論に学び、そこから独自の倫理学を展開させた。その意味では、レヴィナスはポストモダニズムとは別の系譜に属している。だが、その議論がデリダやリオタールの西洋合理主義批判に対して重要な視座を提供した点においても、またその議論がポストモダンとは違う仕方で全体主義や同一性にメスを入れ、さらにはポストモダニズムに欠如していると一般に言われている倫理学を明確な形で提示した点においても、レヴィナスはポストモダンを超える倫理学の提唱者とされるにふさわしい。

レヴィナスは第一の主著『全体性と無限』（一九六一年）において、西洋哲学は存在論であり、その基盤には「全体性」の概念が存すると指摘して、これを批判する。かれによれば、西洋哲学において、存在するとは自己と同一であり、同一であり続けるということである。こうした全体性と同一性の概念に基づき、従来の哲学は、他者存在に対峙した場合にも、自己から出発して他者を対象化し自己に同化することを理解と称してきた。だがそれでは、他者を自己とは絶対的に異なる存在として遇することにはならない。そうした仕方は、他者にある、他なるものや多様なものを暴力的に同一性へと回収しているにすぎないのである。それゆえ、レヴィナスは、自己から出発して他者を捉えることをやめ、他者から出発して自己を捉えるよう提唱する。かれによれば、西洋哲学が依拠してきた全体性・同一性を破壊しうるのは、自己の外部に存在する他者である。この他者によってこそ、自己は存在の同一性の軛《くびき》から解放され無限へと導かれうる。他者は、私を無限に超越する高みから突如「顔」として私の前に現われる。この他者の出現を私は防ぐことができず、私はその「汝殺すなかれ」の呼びかけに応答する「責任」を一方的に課せられている。自己と他者の関係は初めから非対称であり、自己は、他者への責任によって根拠づけられるのである。こうして、レヴィナスは存在論に代えて倫理学を第一哲学に置くにいたる。

デリダはレヴィナスにいち早く注目し、一九六四年の論考「暴力と形而上学――エマニュエル・レヴィナスの思考に関する試論」(『エクリチュールと差異』所収)で重要な批判を行なう。それは、レヴィナスの議論が、かれ自身の批判するハイデガー存在論の語彙によって組み立てられていることについてである。存在論を否定しようとして、その語彙を用いることは、存在論を再確認することにほかならない、というのがデリダの批判の骨子である。

この批判はレヴィナスにとって決定的であり、かれはこれを重く受け止めて、第二の主著『存在するとは別の仕方で、あるいは存在することの彼方へ』（一九七四年）で「転回」を果たす。かれはこの書において、存在論の語彙を捨てて真に存在論からの脱却を図り、日常語を「倫理の言語」に練磨して駆使しながら他者の受容の在り方を描写する。かれによれば、他者の顔は困窮の相貌を帯びて私に無限の責任を突きつけるが、実はこの顔は老いゆく「皮膚」に覆われて、常に現在から逃れ去っている。他者は常に私から逃れ去り、私にはその「痕跡」しか残らない。そして、私の皮膚もまた老いにさらされて自己自身とずれながら、他者の痕跡によって傷つき（可傷性）、変容している。こうしたなかで、私は「身代わり」のないまま、他者に直面し、応答し続けなければならないのである。ここで語られる「私」はもはや、自由を前提とする自律性をもって、他者と対称的、相互的な関係を築くような理性的主体ではない。それは、あらかじめ他者への責任を課され、他者とは非対称、非相互的な関係を運命づけられている感性的主体である。他者を絶対的な受動性において感受するという、理不尽な責任を引き受けざるをえないことにおいて、主体は常に破壊され続け、形成され続ける。こうして、レヴィナスは他者と責任を中心とした独自の倫理学を作り上げたのである。

脱構築の倫理

デリダとレヴィナスの対話は約三十年にわたって続いた。そのことは、デリダに対する倫理不在という批判とは裏腹に、かれの倫理への関心の高さを物語っている。そしてかれは、『法の力』（一九九四年）のなかで「脱構築は正義である」と表明し、そうした批判に正面から応答する。もちろんデリダにとって、正義という確定した原理が存在するわけではない。それゆえかれは、既存の権利や法が言説であるかぎりで、それらについての脱構築を遂行することによって、正義を模索しようとする。そこから見出されるのは、権利や法が実は普遍的なものではなく、むしろある種の排除を必ず生じさせることである。そして、この認識は、正義たりうるのは排除された他者（マイノリティ）の方である、という逆説を導く。だが、そうした他者を救うために、超越的な救世主（メシア）の到来を期待することはできないゆえに、それでもなお普遍性を胚胎している権利や法に訴えなければならない。権利や法はその普遍性を拡張することで他者を救い、正義に適うものとなりうるのである。

デリダは、二〇〇四年にこの世を去るまで、現実の政治・文化についての評論活動を精力的に行ない、これまでの自らの理論を具体的な形で提示してみせた。それは、かれが哲学者の使命を、絶えず問いを立て直すこと、そして虚構や偶然性のうちに「可能性」を見出すよう努めることとして、それを自任していたからである。かれによれば、可能性を真に可能なものとするために必要なのは、現実に置かれた状況の内部にとどまりつつ、その境界を「不可能」と見定めながら、あえて可能性を確定しようとする態度である。これは脱構築の実践である。デリダは、デモクラシーの可能性もこうした仕方で捉えられ、実現されるべきだと考える。そして、デモクラシーの基盤となるのは、絶対的に異なる者である他者に対してあらかじめ無条件に開かれている「歓待」である。他者からの予期せぬ訪問は、私の生命までも脅かす。にもかかわらず、この無条件な歓待を具体的な方法で示すことによってのみ、私は他者と出会い、倫理的な責任を負うことができる、とデリダは述べている。

デリダにとって、責任とは、まさにこの歓待において他者に応答できること（応答可能性）にほかならない。それは決定という契機を含み、主体はこの決定によって存在する。つまり、他者が決定の到来を告げ、私の責任の起源となるのである。しかも、この責任に限界はない。というのも、決定や責任も、やはり常に他者にさらされているかぎりで、普遍的に正しく善いということはありえないからである。それゆえ、「もしかしたら」という問いかけの下、私は無限の責任を負わなければならない。こうして、倫理や法や正義は、常に彼方から始められる。その意味で、それらはメシアではないが「メシア的なもの」と称されるのである。

このように、レヴィナスとデリダは、それぞれ議論の筋道は異なるとはいえ、絶対的に他なるものとしての他者から主体を説き起こし、その主体が無限の責任を被るという倫理を構築しようとする点で一致している。構造主義、ポストモダニズムを経て、自律的な主体が解体され、ニヒリズムとその裏返しのグローバリゼーションが横行するなかで、ポストモダンを超える倫理は、こうした方向に見出されると言っても過言ではあるまい。

〔参考文献〕

熊野純彦『レヴィナス――移ろいゆくものへの視線』（岩波書店、一九九九年）
桑田禮彰『フーコーの系譜学――フランス哲学〈覇権〉の変遷』（講談社、一九九七年）

合田正人『レヴィナス——存在の革命へ向けて』〈ちくま学芸文庫〉（筑摩書房、二〇〇〇年）
高橋哲哉『現代思想の冒険者たち　デリダ——脱構築』（講談社　二〇〇三年）
C・デカン、廣瀬浩司訳『フランス現代哲学の最前線』〈講談社現代新書〉（講談社、一九九五年）
中山元『フーコー入門』〈ちくま新書〉（筑摩書房、一九九六年）
C・ノリス、富山太佳夫・篠崎実訳『デリダ——もう一つの西洋哲学史』（岩波書店、一九九五年）
M・ハート、田代真・井上摂・浅野俊哉・暮沢剛巳訳『ドゥルーズの哲学』（法政大学出版局、一九九六年）
船木亨『人と思想　ドゥルーズ』（清水書院　一九九四年）
J－F・リオタール、管啓次郎訳『こどもたちに語るポストモダン』〈ちくま学芸文庫〉（筑摩書房、一九九八年）

第Ⅵ部

人間的な生のために

第11章　共同への欲求

近代的な科学の思考パラダイムに対して倫理的な思考パラダイムを対置し、それに基づいて学問的な知の枠組みを組み換えることが、ポストモダンの時代の学問的知識に要求されている。これが、われわれが本書で主張しようとしていることの核心である。このような主張はおそらく、近代啓蒙によって切り開かれてきた人間的生の枠組みの全体に一大転換を迫るものとなるであろう。人間の共同的な生の問題に関して言えば、それは、これまで「社会」という語によって理解されてきたものとは質を異にする人間的な結びつきをわれわれに示唆するものとなるであろう。それは、本来的な人間性を取り戻し、人間性の全面的開花を可能とするようなよき生のヴィジョンをわれわれに提示するであろう。そしてそのようなヴィジョンは、まだ近代的な原理によって汚染されていない人間的共同についての思考に立ち戻ることによって開示されるはずである。ここでの課題は、近代性というレンズを通してではなく、われわれの肉眼でもって人間存在を見る視点から、つまり古典古代の思想家たちがめぐらせた思考を回復させることによって得られるありのままの人間存在を見ることによって、人間的な生と共同のヴィジョンを素描することである。ここでは古典的自然権理論を手掛かりとしながらこの課題に応えることにしたい。

1　人間の自然的秩序

古典的自然権理論の前提には、善は快よりもいっそう根本的であり、人間的生は必然的に快を得ることよりも善く生きることであるとする考えがあった。それにはまた、人間のよき生とは、理性と知性を育むとともに理性の現存在としての言葉を介した諸個人間の意思疎通によって営まれる生であるとする考えも前提とされていた。さらにまた、よき生は人間存在の自然的秩序に基づいた生でなければならないとする考えも前提とされていた。

古典的自然権理論に見られたこのような人間存在の自然的秩序という考えは、科学の目によってではなく、これまで触れてきた倫理的パラダイムによって初めて見えてくる。というのも、人間存在の自然的秩序は、人間とそれを取り巻く世界を構成する諸部分の自然本性を見るだけでは把握されえず、その総体を見ることによらなければならないからである。近代科学を成功に導いた合理性概念は、人間存在にせよ自然的存在にせよ、それらを自然的秩序から切り離し、主観－客観の対立的構図のなかで、しかも自然の全体から遊離したその一部分として人間や自然を認識するというような仕方で、知を切り縮めてきたのであるが、この構図自体を解体することなしには、人間存在の自然的秩序は見えてこない。

2　社会的存在としての人間と閉じた社会

人間存在の自然的秩序に基づいた生は、人間的自然を完成させる生であって、それはまた健全な魂に基づく生、人間的卓越性の生、有徳の生と言うこともできる。そして、このようなよき生は、他の人間とのよき交わりを通して初めて実現されるものでもある。人間の社会性はすでに人間的自然という概念のなかに含まれているのである。つまり、人間的自然をこのように理解することによって、人間の自然的社会性という観念、すなわち人間が社会的存在であることが自然的であるという考えが導き出される。そこから、人間が人間的自然（本性）に従って生きることと社会的に生きることとは矛盾するどころか、逆に人間は共同体において初めてその自然の完成態に達しうるという見解が導かれる。倫理的パラダイムは、社会的存在としての人間の自然的性格を明らかにするのである。

ところで、倫理的パラダイムが提示するよき生とその現実性としての共同体は、閉じた小規模な社会でなければならない。このことは、社会的な生が自然的であるために要請される直接的に交わされる言葉の制約から、さらに人間が完成態に達しうる社会は成員相互の信頼関係が保たれているような社会でなければならないという事実から、導き出されてくる。したがって、われわれの人間論は、人間の直接知の能力に対応するものとなる。それゆえそれは、間接的な情報すなわちマスメディアのような媒体によって得られた知識よりも自分自身の所見に基づいた知識によって自らの方位を見定めることによって可能となる共同性を提示する。こうして提示される共同性は、成員間の相互的な信頼関係が成り立つために前提される人間の完成の必要から、それが再生産されるのに要する時間のことをも考慮に入れなければならない。そこから、よき生のために幾世代にもわたって人間がその完成に向けて努力することが可能となるような共同性という考えが導かれてくる。したがって、われわれの人間論が描く共同性は、グローバリゼーションやマスメディア支配やネット社会という概念に支配されることのない、あるいはそういったものに対して超然とした性格のものとして描き出されることになる。つまりそのような共同性は、一つの世界言語や世界国家のような制度による画一化によって得られる普遍性によるのではなく、理性や正義の原理に見られる普遍性、すなわち自然法が普遍的であり等価交換が普遍的であると言われるのと同様の普遍性によって形成されるのものでなければならないのである。

3　徳と異種混合的な知

次に、人間存在の自然的秩序から、社会は無政府的であるのではなく、正当な支配あるいは統治がなされるべきこと、そして人間もまたその完成にいたるためには自らの下位的な欲求や衝動を抑え込まなければならないという考えが導かれる。つまり共同体と個人がともに健全であるためには、節度や節制、支配や統治が必要であるとする考えが導き出されてくる。正義とは、ある精神的世界がよくあるために必要とされるある種の力であって、その原理には必然的に正当な支配という考えが含まれている。さらに、人間がその完成に達するものであるとすれば、かれらはいつまでも共同体の受動的な構成員であるわけにはいかない。構成員は設立者や政治家や立法者としての役割を担わなければならないのである。かれらは、個人の完成を配慮する以上に共同体の完成に思いをいたす、つまり公共的なものに配慮する能動的構成員でなければならない。それゆえ、かれらには古典的理論が倫理的卓越性という意味で用いた「徳」が必要とされるのである。このような意味での「徳」は、「同質的な(homogeneous)知」と対比される「異種混合的な(heterogeneous)知」の合理性と関わりを持つ。この合理性こそ、倫理的パラダイムによる人間論を基礎づけるものであり、それはとりわけ平等に関して、近代的なそれとは異なる見方を提示する。その原理は、「機会の均等」すなわち「すべての者がその能力に応じて与え、その功績に応じて与えられる」というものである。それは、一般に考えられている算術的平等とは区別され、古典的哲学者たちによって幾何学的平等や比例的平等の名で呼ばれていたものに根拠を持つのである。

4　コスモスの復権と最善の体制

倫理的パラダイムに基づく人間論がその最終結論として提出するものは、最善の体制のための理論である。古典的理論において哲学者あるいは優秀者による支配の体制であった最善の体制は、この人間論においては、専制的な支配とではなく民主制的な支配体制と結ばれた卓越した知者たちによる支配体制であることになるだろう。自分自身のためにではなく他人のために支配することを引き受けざるをえない賢者による支配以上に望ましい支配はない。しかし、卓越した知者がいつでも見つかるとはかぎらない。したがって、それを基準として、支配に当たるべく任ぜられた者が統治することのできる共同的な生の「理想的な範型」を言論によって築き上げておくことが必要となる。「最善の体制」は、われわれがわれわれ自身のうちに描き上げる「理想的な範型」として、その存在を得ることになる。

ところで、人間は地球上にいずれかの場所で生を享ける。つまり故郷を持っている。しかしかれが理性的存在であるかぎりにおいて、かれは同時にコスモスとしての世界国家の住人でなければならない。人間が人間であるかぎりにおいて、哲学の原理がギリシア的ポリスを超えて世界にまで広がって妥当するものであったのと同じように、かれは世界市民でなければならない。ちょうど、ソクラテス（Sōkratēs, 470 b.c. - 399 b.c.）の死後プラトンがその『法律』において、ソクラテスを連想させる人物をソフィストと同様どのポリスにも属さず都市から都市へと渡り歩いたポリスの客人と描いているように、人間論の主人公は、「閉じた社会」から普遍的なポリスとしての「世界国家」へと歩み出なければならないのである。

5　幸　福
――目的あるいは神――

啓蒙によって力を与えられた近代人は、およそ考えうるかぎりでの、あらゆるものを創造してきた。彼らの手にした力たるや凄まじいものであって、創造者としての神の力に迫るものであった。神を凌ぐことも、もう日程に上っているのかもしれない。しかし、近代人の行く手には光ではなく闇が待ち受けている。それはすべてを見通しているはずの神的存在者にはありえないことであろう。いにしえのギリシアの人々は「神々とうまくいくこと（eudaimonia）」という言葉によって「幸福」を言い表わした。神に勝らんばかりの「力」を手にしたわれわれの時代の人間は、しかし神々とうまくやっているようには見えない。それどころか近代人は神を殺しさえしたのである。どう見ても関係修復は容易ではないであろう。しかし、よき生について語るためにはこの問題をもう一度真剣に考えてみる必要がある。われわれは、神の域にまで近づいた人間の制作的行為について、改めて問い直さなければならないのである。「倫理」を思考のキーワードにするというわれわれの主張には、この問い直しが必要であるとする主張も含意されている。

哲学が成立した地平は、そこにおいて対話が成立する地平であると同時に、人々をしてその対話へと引き入れる地平、人びとをロゴス愛好者へと育て上げる地平でもあった。われわれの人間論の議論は、そうした議論にわれわれ自身が参入すると同時に、その議論の輪に人びとを導き入れることによって可能になる。そしてその議論を通じて理解されることになる人間的なものについての基本的諸問題を理解することによって初めて、人間論の各論の展開もまた可能になると言わなければならないのである。

〔参考文献〕

アリストテレス、高田三郎訳『ニコマコス倫理学』（上・下）〈岩波文庫〉（岩波書店、上巻一九七一年、下巻一九七三年）
レオ・シュトラウス、塚崎智・石崎嘉彦訳『自然権と歴史』（昭和堂、一九八八年）
レオ・シュトラウス、石崎嘉彦監訳『古典的政治的合理主義の再生』（ナカニシヤ出版、一九九六年）
プラトン、藤沢令夫訳『国家』（上・下）〈岩波文庫〉（岩波書店、一九七九年）
プラトン、森・加来・池田訳『法律』（上・下）〈岩波文庫〉（岩波書店、一九九三年）

第12章　教養教育と人間論

1　「知は力」という命題に代わるもの

われわれが二十一世紀から二十世紀を振り返ろうとするとき、寓意的に花見が終わったあとの公園を思い浮かべてみると、案外うまくわれわれの置かれている状況を把握したことになるのかもしれない。散らかされた残飯や丸めて捨てられた紙類、ビニール袋や発泡スチロールの容器、ペットボトルに空き缶・空き瓶がところかまわず散らかされている。前世紀まで科学技術文明によって傷つけられてきたわれわれの地球は、喧騒のあとわれわれがよく目にする光景とどこか似通っている。食い散らかされ傷ついているのは、なにも自然の世界ばかりではない。宴のあとなすすべを知らず呆然と立ちすくんでいる人間たちもくたびれ傷ついているのだ。

これがポストモダンの戸口で立ちすくむわれわれの住まう世界の情景である。それは、どこかの洞窟のスクリーンに映し出されている映像と似ている。宴の夜のしらじらしい明るさは、人工の光によっていた。それは太陽ではなかった。そして舞台に登場してくる役者たちは、スポットライトを浴びているが、舞台の袖にはその光も届かない。次第に闇にのまれていく舞台の袖は、純然たる闇への通路であるのかもしれない。いったい啓蒙は、蒙昧主義（反啓蒙）への通路だったのだろうか。

光にたとえられているのは、ここ数世紀にわたってわれわれを導いてきた科学である。科学は人間の知を力に変えることに成功した。しかし、力は力学によって解明されるものであって倫理学が関わりを持つ対象ではない。倫理学は物体と精神を分かつ二元論的な世界の見方によってかろうじて命脈を保ってきたが、その中身は次第に変質させられていった。この倫理の変質が、実は、われわれにとっての躓きの石でもあった。かつて視覚的世界の太陽にたとえられ、認識の根拠であるとともに認識対象でもあるとされた「善のイデア」が地上に引きずり下ろされたことによって、かつてそれによって捉えられていた世界の像が全く別物となったのである。いまわれわれは、そのとき失われた太陽に比される真の光をどうやってよみがえらせるかについて真剣に考えなければならないのである。

これまでわれわれは、近代的思考による人間理解とその問題点を探ってきた。マキアヴェリ（Niccolò Machiavelli, 1469 - 1527）やダ・ヴィンチらによって切り開かれ、ガリレオやデカルトやホッブズ（Thomas Hobbes, 1588 - 1679）、さらにはカント以後の歴史の哲学においてその頂点に達した人間思考の大波が砕け散って、われわれはいま右往左往している。この波はこれまで、「科学」「歴史」「実存」の三つの語によって語られてきたが、それがいま、新たな知の枠組みへと再構築されなければならないのである。「科学」「歴史」「実存」の三つの概念に通低する基本的概念は「力」であった。「力学」「富」「意志」は、この「力」の代替語であるが、われわれは、それらに代わる、人間の行為や知識、政治や社会の在り方を規定する概念を必要とし、それによって人間知の枠組みを再構築しなければならないのである。

近代のプロジェクトとは、世界を、とりわけ自然的世界を、人間的なものへと作り変え、「人間的あまりに人間的なもの」へと仕立て上げようとする壮大なプロジェクトであった。このプロジェクトが始まったとき、われわれを取り巻く世界は独特の意味を付与された「自然的世界」であったが、その終局においては、この「自然的世界」がことごとく「人間的なもの」へと変えられてしまうのである。ヘーゲルの用語で言えば、このような自然の人間的なものへの転換は、人間の「内なるもの」の外に向けての「外化（Entäußerung）」と言い表わすことができるが、それにはもちろん「内化（Erinnerung）」が伴われるべきだと考えられていた。彼はまだ「外化」の先にあるものを考慮に入れてはいなかったので、この「内化」を中心概念として積極的に思考を展開する必要はなかった。しかし「外化」の行き着く先を見届けたポストモダン人は、この概念の重要性を再認識しなければならない。

われわれが「倫理的パラダイム」を主張するとき、「倫理」という語に含まれるこの「内化」とそれの類義語である「内省」や「反省」といった要素に目を向けるべきことを主張しようとしているのである。「倫理」の語に含意されている「内省」や「反省」、さらにはそれらがもたらす精神の「落ち着き」を取り戻すことが、ポストモダン人であるわれわれにはとりわけ必要とされる。われわれは過去を「回想」し過去の「想起」を通して行なわれる精神の「落ち着き」の取り戻しによって、この時代を超えることができるのである。われわれが「倫理」という語に大きな意味を持たせようとするとき、近代人に疎んじられてきたこのような過去に対する独特の姿勢が同時に表明されている。いまこそ「進歩」から「回帰」へと目を転じなければならないのである。

「倫理」は、ソクラテスが彼以前の「自然について」探究した人たちと袂を分かち、自らの知の対象を人間的なものへと向け変えたとき、一つの学問の領域として成立したと考えられている。近代性もまた、自然的なものを人間的なものに変えようとする試みであったと解するなら、近代性のプロジェクトはソクラテス的転回に通じるものと解されることになる。しかしこのことに惑わされてはならない。それゆえ、倫理的パラダイムを口にするとき、ソクラテス的哲学の意義、つまりそれが「倫理」と同時に「人間的自然」のいっそう高次の理解を含んでいたことをもう一度理解しなおす必要がある。われわれは近代的自然理解とソクラテス的自然理解の違いに目を向けなくてはならないのである。両者の間には大きく異なる点が二つある。一つは、近代のプロジェクトでは自然から人間的なものへの変換の重視にもかかわらず、「倫理」が中心的位置を占めることはなかった。たしかに近代の著作家にも「倫理学」を著作の書名に採用した人もいたが、それはアリストテレス的なそれではなかった。古典的な倫理と近代的な倫理の違いを考えるとき、それを基礎づける自然の捉え方が決定的に異なるのである。その違いは宇宙論の差に基づく。

もう一つは、古典的な思考には、自然支配の考えは認められないという点である。近代的な思考では、自然は人為によって束縛され制御されるべきものであるのに、古典的な思考では、自然は人為が従うべき規範でさえあった。反対に、近代の思考にあっては、自然はわれわれの意志に従って整序されるのである。自然理解の違いから、自然に対する問いも異なったものとなる。自然が何であるかを問う必要はない。自然がいかに在るかが問われさえすればよいのである。

しかし両者の差異に目を向けることによって、近代的思考の欠落点と、それを超え行くための突破口がどこにあるかが明らかになる。近代的思考は、かつてソクラテスやプラトンらがそうしていたように、自然にせよ人間にせよ、それらが何であるかを問わなくなった、つまり古典的意味での哲学的な問いが影を潜めたのである。近代的思考は、それを推論の首尾一貫性や厳密性に置き換え、知を道具化したことによって成功を収めた。要するに、知の道具的知への転換こそ近代的思考成功の秘訣だったのである。問題はこの点に存する。われわれは、「力」となる「知」を手にし、敵対的であった自然を操作できるものに作り変え、自然を手懐け支配下に置くことを可能にした。それと引き換えに、われわれは、何のためにというわれわれの生への問いを封印することになったのである。

われわれの倫理的パラダイムに基づく人間論の試みは、いまでは理解不可能となった「自然権」の概念の復権を含意するものでもある。それは元来、人間の自然に出所を持ち、あるべき共同体の法や秩序を基礎づけ、それぞれの共同体の体質を作り上げるとともに、それを性格づけ、その成員の生と行為を方向づけるものであった。この概念を再生させることこそ、相互に疎遠となった人びとを快楽追求と相互依存によって結ばれているだけの単なる共同を本来の人間的共同へと再生させ、それとともに人びとに人間的生を回復させるのに不可欠であると言わなければならない。

2　ある哲学的対話の話題に基づいた結語

これまでの議論から明らかなようにニーチェ的「末人」として生きることを余儀なくされているポストモダン人は科学的な思考枠組み超えていかなければならない。倫理的パラダイムからの人間論というわれわれの主張は、近代合理性概念に対する根底からの決別を含意している。それは近代合理性が古典的合理性を克服して登場してきたという歴史的理解に対しても疑問を投げかける。われわれは近代合理性の呪縛からの解放を要求しなければならないのである。その解放の役割を担うのは、古典的作品との対話の再生によって実現される一般教養教育である。一般教養教育は、何よりも倫理的パラダイムの原型でもある古典的合理主義の核心を、近代合理主義の偏見を通してではなく、テキストそのものとの直接的対話を通して取り出してくる。それは何よりもテキストの著者が自らそれを理解していたようなテキスト理解によって成し遂げられるものである。

さて、本書の議論も、そろそろ終結させるべきときとなったようであるが、いましばらく、科学的パラダイムの議論とは異なった仕方で、何がしかの結語を述べることにしたい。そうすることによって、そのような学的思考の基礎となる一般教養教育の思考モデルとなるものを提示しておきたい。そこには同時に、この「人間論」のシリーズへのイントロダクションの意味も込められることになる。

プラトンの古典的作品『パイドロス』の一節に目をとめることにしよう。この対話篇の最初から何節かにわたって、ソクラテスとパイドロスが二人してお互いに話を交わしながら自分たちが対話を行なう場所を探して歩いている場面が描かれている。かれらは、パイドロスが暗誦するまで読み込んでいる当代きっての著述家リュシアスの「恋（エロース）について」という作品を、ソクラテスに読み聞かせる場所を探しているのである。川に沿って歩きながら交わされているかれらの会話において、かれらが目指している場所が昔の神話的物語に語られている場所の近くではないかということが語られている。

「ちょっとお尋ねしますけれど、ボレアス（北風の神）がオレイテュイアをさらっていったという言い伝えがありますが、あれはイリソス川のどこかこのあたりで起こったことではないでしょうか」（229B）とパイドロスはソクラテスに問いかける。それに続けてかれは、このような物語を事実だと信じるかと、ソクラテスに質問する。それに応えて、ソクラテスは、「賢い人たちがしているように、そんな伝説は信じない」と言えば、最もその当時の知識人にふさわしい答えになるだろうと述べ、それら知識人たちに成り代わって神話の解釈を試みる。

当時流行の神話の合理的解釈によれば、この神話は、「オレイテュイアがパルマケイアといっしょに遊んでいたときボレアスという名の風が吹いて、彼女を近くの岩から突き落とした。彼女はこのようにして死んだのである」(229C)ということになる。ソクラテスがいともたやすく流行の解釈をわが物として自分の言葉で述べていることにも注意しなければならないが、それと同時にこのような解釈が、まさにソクラテス的「哲学」と対照的なものとして語られていることにも注意を向けなければならない。ソクラテスは神話の合理的つまり啓蒙的解釈は、才長けて労をいとわぬ人が、手間ひまかけてやらなければできないことだと言う。そして自分には、そのようなことを行なうには、時間と労力に余裕がないと述べ、それゆえ自らは「汝自身を知れ」というデルポイの神殿に掲げられた問いの探究に向かうのだと言う。自己知の探究に余念のない自分には、そのような神話に語られたことの探究にささげる時間はないのだと言うのである。しかも、ソクラテスは、そういった研究に携わろうとする者は次々と神話に登場する架空の動物や怪物たちをもっともらしく説明しなくてはならなくなって大変なことになると述べ、そのような説明が最も肝要な学問的探究とはなりえないことを示唆している。

この議論でソクラテスが、今日の学術用語で言う「神話学」や「文献学」と自らの「自己知」の探究、つまり「哲学」とを区別していることは明らかである。前者は無限に多様な対象を取り扱うとともに、またそのことによって時間的に制約されるのに、後者は人間にとって最も肝要な問題を探究することであると解されているのである。しかしわれわれがより注意を向けなければならないのは、神話の説明と自己知の探究に、つまり人間によってなされるべき事柄に優先順位が設けられていることである。ソクラテスはしかも、自ら探究すべき対象である人間を、逆に「テュポン（Typhon）」という複雑怪奇で傲慢狂暴な怪物にたとえている。人間を「台風（Typhoon）」の語源とも言われる怪物にたとえることは、「脱魔術化」、つまり啓蒙に逆行する。

それゆえ、『パイドロス』のこの箇所の議論によって、プラトンは「倫理的パラダイム」による人間論の輪郭を与えていると言ってもよいのである。われわれの人間論でも、そこでの議論と同じように、科学が目指す合理性とは別の、むしろそれに逆行する「神話」や「詩」の解釈に余地が残されている。科学的人間論は、脱神話化あるいは脱魔術化によって特徴づけられるのに、「倫理的パラダイム」による人間論では、逆にここに見られるようなレトリックに関係するものさえもが視野に入ってくるのである。

『パイドロス』は、その副題が示唆しているように、「美」とりわけ言葉と言語表現上の美、つまりレトリックをテーマとしている。このことに注目すれば、そこでの議論のテーマが現象的な知と本体的な知の問題であるだけではないことが分かる。そこでは科学的なあるいは浅はかな啓蒙を介した合理性といっそう高次の哲学的合理性が対比されてもいるのである。先ほど触れた脱神話的な神話解釈のテーマとされているのは、科学的人間論を特徴づけていた分析や抽象（捨象 abstraction）およびそれによって得られる諸概念による人間論の論述であるのに対して、『パイドロス』の議論の全体がテーマとしているのは、そのような人間論によっては汲み尽すことのできないより高次の知なのである。『パイドロス』の議論は全体としてそういった知の領野が存在することを示唆している。それはわれわれの人間論が目指すものと同じ知を示唆していると言ってよい。そこでの論題、対話やコミュニケーションといった言語行為の問題は、われわれの人間論に不可欠の論題なのである。

かくして、倫理的パラダイムによる人間論は対話的性格を持つという点を、結論として引き出してきてもよいように思われる。しかもその対話は、日常の世界で行なわれている対話であるにとどまらない。それは、たしかにそのような共時的世界での対話をそのうちに含むものではあるが、同時にそれを書きとめ、読むことによって成立する超時間的な対話もそこには含まれている。さらに、対話的であると言うとき、すでにそこには一つの価値判断が含まれている。つまりコミュニケーションに加わる者は話し、読み、書く力、つまりわれわれがそれをもって人間性の一部と見なす基本的技能、人間が人間的であり自由な存在者であるために不可欠な要素を身につけていなければならないということである。

『パイドロス』の先に紹介した会話の直前に、パイドロスが上着の下にリュシアスの作品「恋について」というテキストを隠し持っていたのをソクラテスに見破られる箇所がある。そこでは、テキストの問題が取り上げられているのである。われわれが注目すべきは、パイドロスがリュシアスの書いたテキストを読み上げ、そのテキストを吟味するという形で対話が続けられている点である。このような対話篇の状況設定によって、作者プラトンはその場に居合わせる対話者同士の会話にテキストが加わって成立する言論の宇宙を、われわれに示している。つまり『パイドロス』のこの議論は、単に口頭での会話のほかに書くことと書かれた物を読むという仕方で行なわれる対話があることを示唆しているのである。このことから、啓蒙的な神話解釈のやり方を超えた地平で行なわれるソクラテス的な哲学探究は、われわれが言葉を口にし、読み、かつ書くという形で成立する広い意味でのコミュニケーションによって行なわれていることが分かってくる。

われわれが真に人間の問題に光を当てようとするなら、人間の諸部分、例えば身体とか魂とか行動とかまたその結果であるとか、そういった個々のものに光を当ててそれを理解したような気になっていてはならない。そうではなく、このような言論の宇宙に分け入ることによって、そこにおける自らの位置を確認し、その位置から自己について、そしてまた世界について言説化しなければならないのである。

最後に、ソクラテスの出生の問題に触れることによって、これから展開されるわれわれの人間論の意義をいま一度確認しておきたい。ソクラテスは石工ソプロニスコスと産婆パイナレテの間に生まれた。おそらくかれら親子の関係と職業の間には必然的連関などないのであろう。それでもかれらの親子関係は、われわれの人間論の理解を助けてくれる格好の実例を提供してくれている。石工の技工を象徴するのは、ハンマーと作り出される人間の彫像である。助産術はへその緒を断ち切るハサミと取り上げられる生命によって象徴される。石工は人間の像を彫琢し産婆は人間の生命を取り上げる。しかし、かれらの息子ソクラテスは、親がかかわりを持っていた彫像を彫り刻む技術と、身体を取り上げ世話する技術は引き継がなかった。かわりにかれは、魂を世話する術に携わった。かれは物体と生命という自然とのかかわりは受け継がなかったが、かわりに精神と言説の自然とかかわりを持つようになった。このことの意味は深遠である。倫理的パラダイムからの人間論は、魂の世話と魂の向け変えに携わるものだと言うまさにその意味で、ソクラテス的な哲学の立場からの人間理解の試みなのである。

〔参考文献〕

レオ・シュトラウス、石崎嘉彦監訳『古典的政治的合理主義の再生』（ナカニシヤ出版、一九九六年）
レオ・シュトラウス、石崎・飯島他訳『リベラリズム　古代と近代』（ナカニシヤ出版、二〇〇六年）
プラトン、田中美知太郎訳『テアイテトス』〈岩波文庫〉（岩波書店、一九六六年）
プラトン、藤沢令夫訳『パイドロス』〈岩波文庫〉（岩波書店、一九六七年）
プラトン、藤沢令夫訳『国家』（上・下）〈岩波文庫〉（岩波書店、一九七九年）

あとがき

本書は、シリーズ「人間論の21世紀的課題」への「序論」としての役割を演じるものとして、共同して執筆されたものである。われわれはこれまで、このシリーズを貫く「倫理的パラダイム」という思考枠組みを提示してきたが、いまやこの思考枠組みこそが、これからの学問的知識のベースになることが確認できたと考えている。つまり、社会において生起してくる諸問題を、善悪の問題つまり価値の問題を基準として把握し、それらの諸問題に倫理的立場から光を当て、倫理的な思考を通して対処していくことが、ますます必要となることを、いっそう確信をもって言いうるようになったと思う。

科学的思考とそれがもとになったテクノロジーは、それ自体が善であることを前提としてこれまで発展させられてきた。それは、人間に無限の力を与え、無限の欲望を掻き立て、またその力と欲望によって、人間を徹底的に支配する構造を作り出した。だが、力は善きものともなれば悪しきものともなりうる。加えて人間には力に対してそれを限りなく追い求める性癖がある。それを押し止めるのが「倫理」であるが、それは遺憾ながら力を追い求める性癖に比べてか弱いものと言う他ない。しかし、倫理なしに人間の自己保存も存続も成り立たないのであって、そのゆえにわれわれが自らの今後を展望しようとするとき、これまで倫理という用語で呼ばれてきたものに訴えるより他に道はないのである。

倫理はもっぱら命令の言葉からなる。それは善をなすことを命じ、悪をなすことを押さえ込む命令としてあるのである。命令は、自由に反するものである。それゆえにまた倫理的命法は人々に忌避されもしたのである。しかし、あまりに力を過信しすぎた人間に対しては、命令に服する自由もあれば欲望を断ち切る自由もあることを思い起こすよう、促さなくてはならない。自由が尊重されるべきだからといって、自然の必然性と自然の法までをも超越できると錯覚する自由などないこと、無知を自覚する自由はあっても、無知を褒め称え推奨する自由などありえないことを、はっきりと告げ知らせなければならないのである。

力は限りなき自然の否定と自然の搾取へと向かう。そして力は、人々に慎みを忘れさせ、貪り食うことを教える。われわれには透徹した理性を磨き直すことによって、ここから人間性を取り戻す方向へと向きを転じなければならない。手段が目的と取り違えられることはあってはならないし、それをあらためて正しく秩序付けるために、われわれには真剣な思考と推理の力が要求されるのである。少なくとも、生半可なおしゃべりが学問的探究に取って代わるなどということはあってはならない。

われわれはまさにいま、哲学と倫理の知を必要としているのであり、われわれの「人間論」の思考は、それに応えるものであるとともに、人々をその思考へと引き込んでいくものとならなければならないのである。

最後に、この人間論シリーズの趣旨に賛同して執筆の労を引き受けてくださった執筆者の方々、時代におもねることなくつねに前方を見つめてこのような反時代的とも言いうる書物の出版を引き受けてくださったナカニシヤ出版、とりわけこの企画を取り上げさまざまなアドバイスを与えて援助してくださった編集者の津久井輝夫氏をはじめ、ご協力くださったすべての方に、この場を借りて感謝申し上げてこの巻への「あとがき」とさせて戴きたい。

第1巻編集世話人
石崎嘉彦

ナ　行

ハ　行

マ・ヤ　行

ラ　行

事項索引

ア　行

カ　行

人名索引

ア　行

アリストテレス Aristotelēs　57–61, 63, 74, 75, 161
ヴィトゲンシュタイン Ludwig J. J. Wittgenstein　105

カ・サ　行

ガリレイ Galileo Galilei　57, 60, 62, 65, 66, 73, 74, 159
カント Immanuel Kant　22, 23, 25, 35, 36, 38, 41, 46, 160
キェルケゴール S. A. Kierkegaard　28, 31–34, 42, 116, 117, 142
クーン，トーマス Thomas S. Kuhn　75, 77–79, 81
コイレ Alexandre Koyré　57, 60, 61, 74, 75
コジェーヴ Alexandore Kojève　14
サルトル Jean-paul Sartre　116–121, 125, 130, 142
スミス，アダム Adam Smith　8
ソクラテス Sōkratēs　155, 161, 162, 164–169

タ・ナ　行

ダ・ヴィンチ Leonardo da Vinci　8, 159
デカルト René Descartes　57, 61, 62, 65, 73, 116, 125, 129, 131, 159
デリダ Jacques Derrida　130, 133–135, 141–146
ニーチェ Friedrich W. Nietzsche　15, 35–37, 117, 140, 141, 163
ニュートン Isaac Newton　65, 66

ハ　行

ハイデガー Martin Heidegger　87, 117, 120, 134, 142, 143
パスカル Blaise Pascal　116, 117
フーコー Michel Foucault　130–133, 135, 141
フッサール Edmund Husserl　66, 67, 70–72, 74–76, 117–119, 142
プラトン Platōn　74, 117, 137, 155, 162, 164, 167
ヘーゲル G. W. F. Hegel　26–31, 35, 116–118, 160
ホッブズ Thomas Hobbes　159

マ・ヤ　行

マキアヴェリ Niccollò Machiavelli　159
マルクス Karl Marx　28–31, 120, 135
ミル John S. Mill　41, 42, 46, 47, 50
ヤスパース Karl Jaspers　117, 142
柳宗悦　88, 90, 111, 112
ユークリド Euclid　57, 65

ラ　行

ラカン Jacques Lacan　124, 125, 130
ルソー Jean-Jacques Rousseau　46
レヴィ＝ストロース Claude Lévi-Strauss　120, 122–124, 133
ロック John Locke　41

吉永和加（よしなが・わか）
1968年生まれ。大阪大学大学院文学研究科博士課程退学。哲学・倫理学専攻。博士（文学）。岐阜聖徳学園大学准教授。『感情から他者へ――生の現象学による共同体論』（萌書房，2004年），M. アンリ『実質的現象学――時間・方法・他者』〔共訳〕（法政大学出版局，2000年），「反啓蒙のための啓蒙――ジャン=ジャック・ルソー」（『フランス哲学・思想研究』第9号，2004年），他。
〔担当〕第Ⅴ部（第9章，第10章）

■著者紹介（執筆順）

石崎嘉彦（いしざき・よしひこ）

1948年生まれ。大阪大学大学院文学研究科博士課程単位取得退学。哲学・倫理学専攻。摂南大学教授。『知の21世紀的課題――倫理的な視点からの知の組み換え』〔共編著〕（ナカニシヤ出版，2001年），L.シュトラウス『リベラリズム　古代と近代』〔共訳〕（ナカニシヤ出版，2006年），R.ノーマン『道徳の哲学者たち〔第二版〕』〔監訳〕（ナカニシヤ出版，2001年），他。

〔**担当**〕まえがき，第Ⅰ部（第1章，第2章），第Ⅵ部（第11章，第12章），あとがき

森田美芽（もりた・みめ／本姓：池田）

1958年生まれ。大阪大学大学院文学研究科博士中途退学。哲学・倫理学専攻。大阪キリスト教短期大学准教授。『知の21世紀的課題――倫理的な視点からの知の組み換え』〔共著〕（ナカニシヤ出版，2001年），『キェルケゴールを学ぶ人のために』〔共著〕（世界思想社，1996年），「キェルケゴールにおけるキリスト教と女性」（『日本の神学』第45号，2005年），他。

〔**担当**〕第Ⅱ部（第3章，第4章）

紀平知樹（きひら・ともき）

1969年生まれ。大阪大学大学院文学研究科博士課程単位取得退学。哲学・倫理学専攻。大阪大学大学院文学研究科招聘研究員。『ビジネス倫理学』〔共著〕（ナカニシヤ出版，2004年），「「脳」と「身体」――神経生物学的視点から」（『臨床哲学』第4号，2002年），「認識論的問題としての環境問題」（『臨床哲学』第4号，2002年），他。

〔**担当**〕第Ⅲ部（第5章，第6章）

丸田健（まるた・けん）

1967年生まれ。大阪大学大学院人間科学研究科博士課程単位取得退学。哲学専攻。大阪大学大学院講師。「内的体験と隠喩」（『科学基礎論研究』第94号，2000年），「私的な直接体験の概念――『哲学探究』「甲虫の議論」について」（『科学基礎論研究』第91号，1998年），「『哲学探究』，感覚日記の議論について」（『科学基礎論研究』第90号，1998年），他。

〔**担当**〕第Ⅳ部（第7章，第8章）

シリーズ〈人間論の21世紀的課題〉①
ポストモダン時代の倫理

2007年2月23日　初版第1刷発行
2008年8月11日　初版第2刷発行

著者　石崎嘉彦
紀平知樹
丸田健
森田美芽
吉永和加

発行者　中西健夫

発行所　株式会社　ナカニシヤ出版
〒606-8161　京都市左京区一乗寺木ノ本町15
電話 (075) 723-0111
FAX (075) 723-0095
http://www.nakanishiya.co.jp/

製本・印刷／シナノ

ISBN978-4-7795-0099-2　Printed in Japan